# Dein BOOKii® Quizbuch

## Mit dem Quizbuch zum Experten werden

Wie gut kennst du dich mit Tieren aus? Hör dir die Fragen und Lösungsvorschläge zunächst genau an. Tippe dann auf a, b oder c, um deine Antwort auszuwählen und der BOOKii sagt dir, ob du richtig liegst.

## Wahr oder gemogelt?

Finde heraus, ob Katzen kitzlig sind und Dinosaurier vier Ohren hatten. Können diese Behauptungen wirklich wahr sein?

AF638790

## Teste dein Wissen mit den BOOKii Spielen

Tippe auf das Spiele-Icon, um ein Spiel zu beginnen und die kniffeligen Suchaufträge zu lösen.

## Infobutton

Hinter allen Bildern mit dem »i« verstecken sich spannende Zusatzinfos, die nur darauf warten, von dir entdeckt zu werden!

WAS IST WAS

# DAS GENIALE QUIZ!?

Was weißt du über …



TESSLOFF

## BUNTE VIELFALT

Es gibt etwa 1,3 Millionen Tierarten auf der Erde – und jedes Jahr werden neue entdeckt! Ob wirbellose Tiere, Vögel, Säugetiere, Reptilien, Amphibien oder Fische: Alle sind perfekt an ihren jeweiligen Lebensraum angepasst. Einige Spezialisten unter ihnen können sogar in heißen Wüsten oder in der eisigen Antarktis überleben. Jedoch sind viele Tierarten vom Aussterben bedroht. Deshalb ist es wichtig, das vielfältige Reich der Tiere zu schützen!

# Was weißt du über … Tiere!?

# Was weißt du über … … Tiere?

**1** Wie heißt das größte Tier der Erde?

- a Pottwal
- b Blauwal
- c Buckelwal

**2** Welches Tier zählt nicht zu den echten Bären?

- a Wickelbär
- b Großer Panda
- c Koala

**3** Wie heißt dieses Tier?

- a Dumbo Octopus
- b Ohrenoctopus
- c Kopfkrake

**4** Weißt du, woraus Vogelfedern bestehen?

- a Chitin
- b Keratin
- c Viskose

**5** Welche Insekten können am höchsten fliegen?

- a Fruchtfliegen
- b Bienen
- c Schmetterlinge

**6** Wie viele Tierarten gibt es in Deutschland?

- a etwa 40 000
- b etwa 48 000
- c etwa 57 000

**Wahr oder gemogelt?**

## 7 Welches Tier sondert ein Sekret ab, das die Haut vor der Sonne schützt?

a Walross

b Elefant

c Flusspferd

## 8 Weißt du, wie man eine Füchsin nennt?

a Fähe

b Fahre

c Fuhre

## 9 Welche wichtige Funktion haben Maulwurfshügel?

a Der Maulwurf markiert damit sein Revier.

b Der Maulwurf möchte den Bauern ärgern.

c Die Hügel dienen der Belüftung seiner Gänge.

## 10 Zu welchem Pferdetyp gehören Araber?

a Ponys

b Vollblüter

c Halbblüter

## 11 Wie nennt man die Entwicklung und Wandlung von Lebewesen über einen langen Zeitraum?

a Revolution

b Evolution

c Absolution

# Was weißt du über ... ... Tiere?

**1** **Welche Ente kommt in Europa am häufigsten vor?**

- a Stockente
- b Mandarinente
- c Schnatterente

**2** **Welche Tierart kommt nur auf Madagaskar vor?**

- a Faultiere
- b Lemuren
- c Pfeilgiftfrösche

**3** **Welcher Dinosaurier war kein Pflanzenfresser?**

**4** **Welchen Vogel hörst du hier?**

- a Schleiereule
- b Weißstorch
- c Uhu

**5** **Wie nennt man einen Fisch, der keine anderen Fische jagt?**

- a Friedfisch
- b Nettfisch
- c Liebfisch

**6** **Wie nennt man Tiere, die einen Teil ihres Lebens im Wasser und einen Teil an Land verbringen?**

- a Reptilien
- b Amphibien
- c Akribien

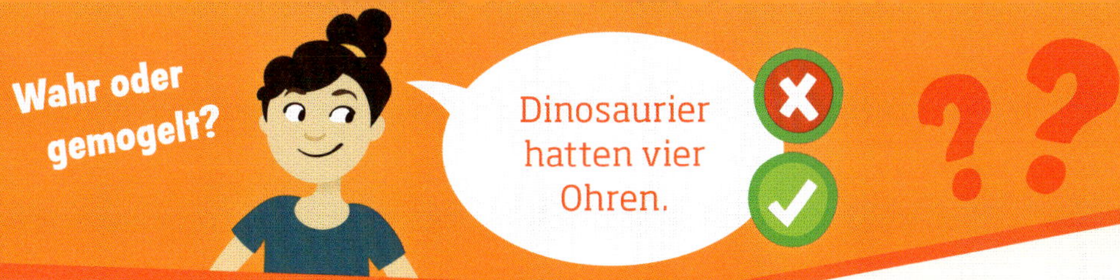


## 7 Was können Forscher anhand der Schuppen eines Fisches herausfinden?

- a das Alter
- b das Geschlecht
- c den Salzgehalt

## 8 Wann werden Fohlen häufig geboren?

- a am Mittag
- b am Wochenende
- c in der Nacht

## 10 Wie lange kann ein Biber unter Wasser bleiben?

- a etwa 5 Minuten
- b etwa 25 Minuten
- c etwa 45 Minuten

## 9 Der Binturong ist ...

- a ... eine Schleichkatze.
- b ... ein Marder.
- c ... ein Bär.

## 11 Was ist der Palmendieb?

- a ein flinkes Nagetier
- b ein Papageienvogel
- c ein großer Einsiedlerkrebs

# Was weißt du über ... ... Tiere?

## 1 Was lässt sich an den Punkten eines Marienkäfers ablesen?

- a das Alter des Marienkäfers
- b die Art, zu der der Marienkäfer gehört
- c sein Geschlecht, also ob er männlich oder weiblich ist

## 2 An welchem Merkmal erkennt man Raubtiere?

- a am kräftigen Gebiss
- b am muskulösen Körperbau
- c an den scharfen Krallen

## 3 Welches der hier abgebildeten Tiere ist kein Insekt?

## 4 Wie heißt der Bau des Eichhörnchens?

- a Kobel
- b Kübel
- c Krippe

## 5 Wie heißt die kleinste Pferderasse der Welt?

- a Connemara
- b Falabella
- c Shetland-Pony

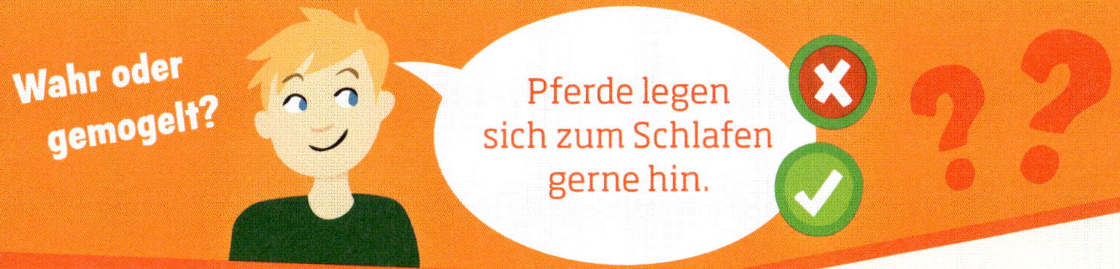


## 6 In welchem Zeitalter starben die Dinosaurier aus?

- a in der Kreidezeit
- b in der Trias
- c im Jura

## 7 Wie heißen Rücken-, Vorder- und Schwanzflossen bei Delfinen?

- a Finne, Flipper und Fluke
- b Lette, Liter und Luke
- c Blubber, Blas und Barte

## 8 Das Alpenmurmeltier hält ...

- a ... Winterschlaf.
- b ... Winterruhe.
- c ... Winterstarre.

## 9 Wie laut können Brüllaffen schreien?

- a 20 Dezibel
- b 50 Dezibel
- c 100 Dezibel

## 10 Mit wem sind Seekühe verwandt?

- a mit Robben
- b mit Elefanten
- c mit Eisbären

## 11 Welche sind die größten Pinguine?

- a Felsenpinguine
- b Kaiserpinguine
- c Königspinguine

# Was weißt du über … … Tiere?

**1** **Welches Tier ist hier zu sehen?**

a Bisamratte

b Nutria

c Biber

**4** **Was ist ein Pantoffeltierchen?**

a ein Insekt

b ein Nagetier

c ein Einzeller

**2** **Wer hält den Langstreckenrekord unter den Säugetieren?**

a Blauwale

b Delfine

c Grauwale

**5** **Welches Tier schlüpft gern in ein leeres Schneckenhaus?**

a Einsiedlerkrebs

b Taschenkrebs

c Wattwurm

**3** **Wozu diente der Schwanz eines Dinosauriers?**

a als Waffe

b für das Gleichgewicht

c als Fettspeicher

**6** **Schnee-Eulen verfolgen ihre Beute manchmal am Boden. Warum sinken sie dabei nicht in den Schnee ein?**

a Sie sind sehr leicht.

b Ihre Füße sind gefiedert.

Wahr oder gemogelt?

**7** **Welcher ist der größte flugfähige Vogel der Welt?**

- a Andenkondor
- b Königsgeier
- c Bartgeier

**9** **Welches dieser Tiere lebt nicht am Nordpol?**

**8** **Woran erkennt man das Alter eines Pferdes?**

- a an der Fellfarbe
- b an den Zähnen
- c am Schweif

**10** **Zu welchem Vogel gehört dieser Gesang?**

- a Amsel
- b Grünfink
- c Nachtigall

**11** **In welcher Periode des Erdmittelalters tauchten die ersten Dinosaurier auf?**

- a in der Trias
- b in der Kreidezeit

**1** Vögel haben pneumatisierte Knochen. Das bedeutet, sie sind ...

- a ... besonders zerbrechlich.
- b ... mit Luftkammern durchsetzt.
- c ... ungewöhnlich biegsam.

**2** Weißt du, welche Hunderasse die kleinste der Welt ist?

- a Chihuahua
- b Zwergspitz
- c Mops

**3** Welche Maus ist gar keine?

- a Haselmaus
- b Spitzmaus
- c Feldmaus

**4** Wo lebt dieses Tier?

- a in Afrika
- b in Australien
- c in Südamerika

**5** Wie viele Waldameisen leben in einem Hügel?

- a etwa 500 000
- b rund eine Million
- c bis zu zwei Millionen

**6** Woraus bestehen Quallen?

- a aus Gelatine
- b aus Wasser
- c aus Knorpel

**Wahr oder gemogelt?**

## 7 Was versteht man unter Blubber?

- a das Blasloch der Wale
- b die Fettschicht der Wale
- c die Fontäne, die der Wal beim Atmen ausstößt

## 8 Welche Großkatzen leben als einzige in Rudeln?

- a Geparden
- b Pumas
- c Löwen

## 9 Welche Wirbeltiere eroberten vor Jahrmillionen als Erste das Festland?

- a die Strahlenflosser
- b die Quastenflosser
- c die Schildkröten

## 10 Welches dieser Tiere ist nicht eng mit den Pferden verwandt?

## 11 Was fraß der Tyrannosaurus rex nicht?

- a Aas
- b Fleisch
- c Pflanzen

# Was weißt du über … … Tiere?

**1** **Welche Tiere gab es bereits zur Zeit der Dinosaurier?**

- a Stechmücken
- b Seekühe
- c Hühner

**2** **Wie wird der Streifenskunk noch genannt?**

- a Streifenhörnchen
- b Stinktier
- c Erdferkel

**3** **Wie groß war das Gehirn eines Stegosaurus? So groß wie …**

- a … eine Melone.
- b … eine Walnuss.
- c … eine Erbse.

**4** **Wie heißt dieses Tier?**

- a Makka
- b Patta
- c Katta

**5** **Wie viel Liter Milch geben Milchkühe pro Tag?**

- a 2 Liter
- b 12 Liter
- c 22 Liter

**6** **Was frisst der Walhai?**

- a Fische
- b andere Haie
- c Plankton

**Wahr oder gemogelt?**

Fische schlafen mit offenen Augen.

### 7 Welche Katzenart scheut sich nicht vor dem Wasser?

a Tiger

b Löwe

c Gepard

### 8 Was macht die Mosesscholle, um nicht von Haien gefressen zu werden?

a Sie wechselt die Farbe.

b Sie produziert ekelhaft schmeckenden Schleim.

c Sie plustert sich auf.

### 9 Was bedeutet das Wort »Dinosaurier« übersetzt?

a »altes Tier«

b »großer Drache«

c »schreckliche Echse«

### 10 Welcher Vogel ist hier zu hören?

a Silbermöwe

b Seeadler

c Kranich

### 11 Wie nennt man Tierarten, die nur an einem einzigen Ort vorkommen?

a endemische Tierarten

b eremitische Tierarten

c vereinzelte Tierarten

**1** **Wie heißt das kleinste Säugetier?**

- a Keltenspitzmaus
- b Phönizierspitzmaus
- c Etruskerspitzmaus

**2** **Haie zählen zu den ...**

- a ... Knorpelfischen.
- b ... Knochenfischen.
- c ... Säugetieren.

**3** **Wie groß kann die Flügelspannweite des Atlasspinners werden?**

- a 15 Zentimeter
- b 30 Zentimeter

**4** **Wo war ein Panzerdinosaurier am leichtesten zu verwunden?**

- a am Hals
- b im Nacken
- c am Bauch

**5** **Wo leben noch halbwilde Mustangs?**

- a in Australien
- b in Amerika
- c in Afrika

**6** **Welche Spitzengeschwindigkeit erreicht eine Gazelle?**

- a 40–62 Stundenkilometer
- b 80–96 Stundenkilometer
- c 100–130 Stundenkilometer

## Wahr oder gemogelt?

### 7 Wovon ernährten sich Flugsaurier?

- a von kleinen Säugetieren
- b von Fischen
- c von Insekten

### 8 Welche Tiere sind wechselwarm?

- a Säugetiere
- b Vögel
- c Fische

### 9 Welche Braunbären werden am größten?

- a Isabell-Braunbär und Grizzly
- b Kodiakbär und Kamtschatkabär
- c Europäischer und Syrischer Braunbär

### 10 Welcher Vogel brütet am Boden?

- a Stieglitz
- b Kiebitz
- c Amsel

### 11 In welchem Erdzeitalter lebten die Mammuts?

- a in der Kreidezeit
- b in der Steinzeit
- c in der Eiszeit

### 1 Was haben Haie mit Katzen gemeinsam?

- a reflektierende Augen
- b Schnurrbarthaare
- c bewegliche Ohren

### 2 Wie groß darf ein Pferd höchstens sein, um noch als Pony bezeichnet werden zu können?

- a 62 Zentimeter
- b 130 Zentimeter
- c 147 Zentimeter

### 3 Wie groß können Giraffen höchstens werden?

- a zwei Meter
- b sechs Meter
- c zehn Meter

### 4 Welche Tiere stellen Seidenfäden her?

- a Raupen
- b Spinnen
- c Bienen

### 5 Welcher Räuber war der größte?

**Wahr oder gemogelt?**

Seevögel brüten in schwimmenden Nestern.

**6 Welches Meeresreptil der Dinosaurierzeit hat bis heute überlebt?**

- a das Krokodil
- b die Meeresschildkröte
- c der Fischsaurier

**7 Welchen Vogel hörst du hier?**

- a Kuckuck
- b Habicht
- c Kleiber

**8 Welche Biene lebt nicht in einem Staat?**

- a Honigbiene
- b Hummel
- c Mauerbiene

**9 Wie nennt man eine Gruppe von zusammenlebenden Delfinen oder Walen?**

- a Rudel
- b Schule
- c Klasse

**10 Wie heißt das größte heimische Säugetier?**

- a Rothirsch
- b Hauspferd
- c Stier

**11 Wie weit kann der Wallace-Flugfrosch segeln?**

- a zwanzig Meter
- b zehn Meter
- c fünf Meter

**1** **Welcher Fisch jagt seine Beute, indem er Stromschläge erzeugt?**

a Schützenfisch

b Zitteraal

c Muräne

**2** **Wie heißt das Urpferd und damit der älteste Vorfahr unserer Pferde?**

a Eohippus

b Przewalski-Pferd

c Pangäa

**3** **Wo wurde der bislang größte Dinosaurier gefunden?**

a in China

b in den USA

c in Argentinien

**4** **Welcher Wal wird auch Killerwal genannt?**

**5** **Welche ist die größte Eulenart der Erde?**

a Uhu

b Waldkauz

c Schleiereule

**6** **Welche Fischart verbringt die meiste Zeit an Land?**

a der Schlammspringer

b die Seenadel

c der Zander

**Wahr oder gemogelt?**

Mammuts und Dinosaurier lebten zur gleichen Zeit.

## 7 Wie groß sind die Babys vom Roten Riesenkänguru bei der Geburt?

- a so groß wie eine Kirsche
- b so groß wie ein Apfel
- c so groß wie eine Melone

## 8 Welches ist das lauteste Tier?

- a Kanonenfisch
- b Pistolenkrebs
- c Knallfrosch

## 10 Welches Tier zieht gern in Dachsbaue ein?

- a Fuchs
- b Maulwurf
- c Wildschwein

## 9 Welches Tier ist hier zu sehen?

- a Waldschrat
- b Waldrapp
- c Waldkauz

## 11 Was half den Flugsauriern beim Fliegen?

- a ein drittes Auge
- b ein vierter Finger

Teste dein Wissen!

Tiger

Schimpanse

Pinguin

Flusspferd

Känguru

Giraffe

Luchs

Kranich

Orang-Utan

Tukan

Löwe

## EINMAL UM DIE WELT

Ob in kleinen Dörfern oder in Megastädten: Menschen leben an den unterschiedlichsten Orten unserer Erde. Im Laufe der Zeit haben sie ihre eigenen Sprachen, Gewohnheiten und Bräuche entwickelt. Komm mit auf eine Reise um die Welt und lerne viele verschiedene Länder kennen!

# Was weißt du über ... die Länder der Welt!?

**1** **Wie viele Sprachen gibt es heute auf der Erde?**

- a etwa 700
- b über 6 500
- c etwa 10 000

**2** **Wie heißt die Hauptstadt Australiens?**

- a Sydney
- b Canberra
- c Melbourne

**3** **In welchem Land befindet sich die Tempelanlage von Angkor Wat?**

- a in Kambodscha
- b in Thailand
- c in Malaysia

**4** **Welche Farben hat die Flagge Schwedens?**

- a Blau und Gelb
- b Blau und Rot
- c Grün und Weiß

**5** **Wann wurde der Euro eingeführt?**

- a 1992
- b 2002
- c 2012

**Wahr oder gemogelt?**

In ganz Afrika gibt es drei Städte mit einer U-Bahn.

## 6 Das Länderkennzeichen AZ gehört zu welchem Land?

a Australien

b Afghanistan

c Aserbaidschan

## 7 Aus welchem Land kommt die Pizza?

a Kroatien

b Italien

c den USA

## 8 Wie heißt eine Inselgruppe in der Karibik?

a Kleine Antillen

b Kleine Pastillen

c Kleine Kordilleren

## 9 An welchem Tag wird in den USA der Tag der Unabhängigkeit gefeiert?

a am 1. Mai

b am 2. Juni

c am 4. Juli

## 10 Was ist der Elbrus?

a eine kroatische Meerenge

b ein Berg im Kaukasusgebirge

c ein Fluss in Russland

## 11 Auf welchem Kontinent liegt das Land Suriname?

a Amerika

b Afrika

c Asien

## Was weißt du über … … die Länder der Welt?

**1** **In welchem Jahr wurde das Empire State Building fertiggestellt?**

- a 1925
- b 1931
- c 1937

**2** **Welche beiden Meere verbindet der Bosporus – eine Meerenge in der Türkei – miteinander?**

- a das Schwarze Meer und das Marmarameer
- b das Mittelmeer und das Adriatische Meer

**3** **Was bedeutet der Name der Stadt Singapur?**

- a »Pferdestadt«
- b »Löwenstadt«
- c »Elefantenstadt«

**4** **Wie viele Menschen leben ungefähr in Neuseeland?**

- a vier Millionen
- b acht Millionen
- c zwölf Millionen

**5** **An wie viele Länder grenzt Österreich?**

- a sechs
- b acht
- c zehn

**6** **In welchem Land steht der Mount Fuji?**

- a in Taiwan
- b in Nepal
- c in Japan

## Wahr oder gemogelt?

### 7 Von welcher Organisation wird der Titel Weltkulturerbe und Weltnaturerbe vergeben?

- a von der NATO
- b von der UNICEF
- c von der UNESCO

### 8 Wo wurde im Jahr 1930 die erste Fußballweltmeisterschaft ausgetragen?

- a in Argentinien
- b in Uruguay
- c in Peru

### 9 Welche Länder werden durch den Eurotunnel verbunden?

- a Kroatien und Slowenien
- b Frankreich und Großbritannien
- c Deutschland und Polen

### 10 Wie viele Länder umfasst Afrika?

- a 23
- b 54
- c 104

### 11 Zu wessen Gedenken ließ der indische Herrscher Shah Jahan den Taj Mahal errichten?

- a seiner Lieblingsfrau
- b seinem Bruder
- c seiner Katze

# Was weißt du über ... ... die Länder der Welt?

**1** **In welches Meer mündet die Wolga?**

a ins Mittelmeer

b ins Kaspische Meer

c ins Schwarze Meer

**2** **Wie viele Länder gibt es weltweit?**

a 156

b 178

c 196

**3** **Wo befinden sich diese Steinstatuen?**

a auf der Osterinsel

b auf der Pfingstinsel

c auf der Weihnachtsinsel

**4** **Welches ist das flächenmäßig größte Land der Welt?**

a Russland

b Kanada

c China

**5** **Die Crema Catalana ist ...**

a ... ein spanisches Dessert.

b ... eine italienische Insel.

c ... ein portugiesisches Getränk.

**6** **Das Länderkennzeichen IRL gehört zu welchem Land?**

a Irland

b Italien

c Island

Wahr oder gemogelt?

Tänzer in Französisch-Polynesien

**7** **Die weltberühmte Freiheitsstatue der USA war ein Geschenk welchen Landes?**

- a Frankreich
- b England
- c Belgien

**8** **Wie weit liegt die zu Portugal gehörende Inselgruppe der Azoren vom Festland entfernt?**

- a 150 Kilometer
- b 750 Kilometer
- c 1500 Kilometer

**9** **Wie heißt die Meerenge zwischen Patagonien und Feuerland?**

- a Golf von Kolumbus
- b Magellanstraße
- c James-Cook-Straße

**10** **Welcher Zug gilt als pünktlichster Zug der Welt?**

- a der ICE
- b der Eurostar
- c der Shinkansen

**11** **Zu welchem Land gehört diese Flagge?**

- a Usbekistan
- b Kasachstan
- c Kirgisistan

# Was weißt du über … … die Länder der Welt?

**1** **Was ist die Hauptstadt von Argentinien?**

- a Buenos Aires
- b Montevideo
- c Santiago

**2** **Wie hoch ist der Kilimandscharo, der höchste Berg Afrikas?**

- a 3 780 Meter
- b 5 895 Meter
- c 6 225 Meter

**3** **Wie heißt das berühmte Londoner Riesenrad?**

- a London Ring
- b London Eye
- c London Wheel

**4** **Marianne, die Nationalfigur Frankreichs, gilt als Symbol der …**

- a … Gerechtigkeit.
- b … Brüderlichkeit.
- c … Freiheit.

**5** **Wie heißt der tiefste und wasserreichste See der Erde?**

- a Baikalsee
- b Victoriasee
- c Titicaca-See

**6** **Welcher Gebirgszug verläuft durch Südbelgien?**

- a die Ardennen
- b die Pyrenäen
- c die Anden

**9** **Wie viele Sterne sind auf der Flagge Neuseelands zu sehen?**

- a zwei
- b vier
- c sechs

**7** **Wer ist auf dem kanadischen 20-Dollar-Schein abgebildet?**

- a Queen Elisabeth II.
- b John Macdonald
- c Celine Dion

**10** **Welches Land ist das bevölkerungsreichste Land der Welt?**

- a Indien
- b China
- c Russland

**8** **Wo liegt die antike Felsenstadt Petra?**

- a in Saudi-Arabien
- b in Jordanien
- c in Syrien

**11** **Wie viele Einwohner hat die Insel Zypern ungefähr?**

- a 375 000
- b 525 000
- c 855 000

# Was weißt du über … … die Länder der Welt?

**1** **Wie viele Zeitzonen gibt es auf der Erde?**

- a 12
- b 24
- c 36

**2** **Sankt Petersburg ist die …**

- a … größte Stadt Russlands.
- b … zweitgrößte Stadt Russlands.
- c … drittgrößte Stadt Russlands.

**3** **Zu welchem Land gehört die Insel Bali?**

- a zu Indien
- b zu Indonesien
- c zu den Philippinen

**4** **Welcher Fluss fließt durch den Grand Canyon?**

- a der Colorado
- b der Mississippi
- c der Rio Grande

**5** **Das Länderkennzeichen SN gehört zu welchem Land?**

- a Salomonen
- b Schweden
- c Senegal

**Wahr oder gemogelt?**

### 6 Wo wurden die Pommes frites erfunden?

- a in Deutschland
- b in Frankreich
- c in Belgien

### 7 Die Inselgruppe der Kanaren befindet sich im …

- a … Atlantischen Ozean.
- b … Pazifischen Ozean.
- c … Indischen Ozean.

### 8 Wofür stehen die zwölf Sterne auf der Europaflagge?

- a für die zwölf Gründungsstaaten
- b für die Einheit aller europäischen Länder

### 9 Auf welcher Höhe liegt das Tigernest-Kloster in Bhutan?

- a auf 1 250 Meter
- b auf 2 590 Meter
- c auf 3 120 Meter

### 10 Welches Gebirge trennt Europa und Asien?

- a das Uralgebirge
- b der Himalaja
- c der Kaukasus

### 11 In welchem Land liegt die südlichste Großstadt der Welt?

- a in Neuseeland
- b in Südafrika
- c in Chile

# Was weißt du über … … die Länder der Welt?

**1** **Mit welcher Währung wird im Irak bezahlt?**

a Dinar

b Dollar

c Rupie

**2** **Die Hawaii-Inselkette befindet sich im …**

a … Indischen Ozean.

b … Pazifischen Ozean.

c … Atlantischen Ozean.

**3** **Wie heißt diese Spezialität aus Polen?**

a Pastinaken

b Piroggen

c Paella

**4** **In welcher Stadt steht diese berühmte Christus-Statue?**

a in Rio de Janeiro

b in São Paulo

c in Brasília

**5** **Welcher Baum ist auf der Flagge Libanons zu sehen?**

a eine Zeder

b eine Pinie

c eine Tanne

**6** **Was ist das kleinste Land der Welt?**

a Tuvalu

b San Marino

c Vatikanstadt

**Wahr oder gemogelt?**

Area 51 ist ein berühmtes Casino in Las Vegas.

## 7 Die Stadt Minsk ist die Hauptstadt welchen Landes?

- a der Ukraine
- b von Weißrussland
- c von Lettland

## 8 Aus wie vielen Territorien setzt sich Australien zusammen?

- a vier
- b neun
- c dreizehn

## 9 Welches ist das Wappentier des WWF, der weltweit größten Naturschutzorganisation?

- a der Große Panda
- b der Koala
- c der Tiger

## 10 In welchem Land wird am 1. und 2. November der Tag der Toten gefeiert?

- a in Mexiko
- b in Brasilien
- c in Kolumbien

## 11 Welcher Fluss fließt durch Ägypten?

- a der Nil
- b der Niger
- c der Kongo

# Was weißt du über … … die Länder der Welt?

**1** **Welche Stadt hat die meisten Einwohner?**

- a Hongkong
- b New York
- c Tokio

**2** **Aus welchem Land stammt das Reisgericht Nasi Goreng?**

- a aus China
- b aus Vietnam
- c aus Indonesien

**3** **Der Tafelberg ist das Wahrzeichen welcher Stadt?**

- a Kapstadt
- b Nairobi
- c Kairo

**4** **Welcher Nationalpark Amerikas gilt als erster der Welt?**

- a der Yosemite-Nationalpark
- b der Yellowstone-Nationalpark
- c der Grand-Canyon-Nationalpark

**5** **An welchem Fluss liegt Wien?**

- a an der Donau
- b am Rhein
- c am Inn

Wahr oder gemogelt?

**6** **Wie heißt die Hauptstadt der Mongolei?**

- a Ulan Bator
- b Bischkek
- c Baikonur

**7** **Welche Farben hat die griechische Flagge?**

- a Blau und Rot
- b Blau und Weiß
- c Weiß und Rot

**8** **Wie lang ist die Hongkong-Zhuhai-Macau-Brücke, die längste Seebrücke der Welt?**

- a etwa 38 Kilometer
- b etwa 55 Kilometer

**9** **Wann und wo fand die erste Fußball-Europameisterschaft statt?**

- a 1950 in Schweden
- b 1960 in Frankreich
- c 1970 in Spanien

**10** **Wie heißen die größten Wasserfälle der Erde?**

- a Victoriafälle
- b Niagarafälle
- c Iguaçu-Fälle

**11** **Das Länderkennzeichen VE gehört zu welchem Land?**

- a Vietnam
- b Vanuatu
- c Venezuela

# Was weißt du über … … die Länder der Welt?

**1** **Wie viele Stockwerke hat das Burj Khalifa?**

a 120

b 145

c 160

**2** **Mit welcher Währung wird in Russland bezahlt?**

a Euro

b Rubel

c Rupiah

**3** **Was ist die Hauptstadt Kenias?**

a Kampala

b Nairobi

c Moroni

**4** **Welche drei Farben hat die Flagge von Panama?**

a Schwarz, Blau und Rot

b Rot, Grün und Gelb

c Rot, Blau und Weiß

**5** **Welche ist die meistgesprochene Sprache der Welt?**

a Chinesisch

b Spanisch

c Englisch

**6** **In welchem Land gibt es die meisten Pyramiden?**

a im Sudan

b in Ägypten

c in Saudi-Arabien

Wahr oder gemogelt?

In San Francisco befindet sich die steilste Straße der Welt.

**7** **Aus wie vielen Seen besteht die Finnische Seenplatte?**

- a 12 000
- b 24 000
- c 42 000

**8** **Durch welche Länder ziehen sich die Rocky Mountains?**

- a Kanada und die USA
- b die USA und Mexiko

**9** **Woraus wird Kaviar hergestellt?**

- a aus Fischeiern
- b aus Wildreis
- c aus Algen

**10** **Welche Stadt war vor Tokio die Hauptstadt Japans?**

- a Kyoto
- b Nagoya
- c Osaka

**11** **In welcher Stadt befindet sich der größte Hafen der Welt?**

- a in Hamburg
- b in Miami
- c in Shanghai

# Was weißt du über ... ... die Länder der Welt?

**1 Welches der folgenden Bauwerke gehört nicht zu den sieben Weltwundern der Antike?**

a der Koloss von Rhodos

b das Kolosseum von Rom

c die Cheops-Pyramide von Gizeh

**2 Wie tief ist der Victoriasee in Afrika?**

a 60 Meter

b 80 Meter

c 100 Meter

**3 Wie hoch ist der Mount Everest?**

a 5 924 Meter

b 7 013 Meter

c 8 848 Meter

**4 Wie heißt der längste Fluss Chinas?**

a Jangtsekiang

b Jalunkiang

c Gang Jiang

**5 Zu welchem Land gehören die Bermudainseln?**

a den USA

b Frankreich

c Großbritannien

**6 Das Länderkennzeichen LT gehört zu welchem Land?**

a Lesotho

b Litauen

c Lettland

**7** **Zu welchem Land gehört diese Flagge?**

a Südsudan

b Südafrika

c Simbabwe

**8** **In welchem Land liegt die Oasenstadt Marrakesch?**

a in Marokko

b in Algerien

c in Tunesien

**9** **Welcher ist der jüngste amerikanische Bundesstaat?**

a Alaska

b Hawaii

c New Mexico

**10** **Was ist der höchste Berg Europas?**

a der Monte Rosa

b das Matterhorn

c der Mont Blanc

**11** **Welches Motiv ziert die Flagge Kanadas?**

a ein Buchenblatt

b ein Ahornblatt

c ein Birkenblatt

Was weißt du über ...

# ... die Länder der Welt?

Teste dein
Wissen!
cafe
Paris

## ABENTEUER WELTRAUM

Kaum zu glauben: Unser komplexes Sonnensystem entstand vermutlich aus einer riesigen Gas- und Staubwolke! Die Sonne bildet den Mittelpunkt und um sie herum kreisen acht Planeten auf ihren eigenen Umlaufbahnen. Doch in den Tiefen des Weltalls gibt es noch viel mehr zu entdecken – unzählige Sterne, fremde Galaxien und unerforschte Weiten.

Was weißt
du über ...
das Weltall!?

Was weißt du über …

# … das Weltall?

**1** **Wie nennt man dieses Sternbild?**

a Kassiopeia
b Kassandra
c Katharina

**2** **Welcher Planet ist der größte in unserem Sonnensystem?**

a Uranus
b Jupiter
c Saturn

**3** **Wer stellte erstmals fest, dass sich das Universum ausdehnt?**

a Edwin Hubble
b Georges Lemaître
c Albert Einstein

**4** **Wie heißt der deutsche Astronaut, der 2018 zur ISS flog?**

a Matthias Gerst
b Friedhelm Gerst
c Alexander Gerst

**5** **Wie groß ist der Umfang der Erdkugel?**

a etwa 40 000 Kilometer
b etwa 60 000 Kilometer
c etwa 110 000 Kilometer

**6** **Wie wird der Außenbordeinsatz eines Astronauten genannt?**

a Weltraumwanderung
b Weltraumspaziergang

## Wahr oder gemogelt?

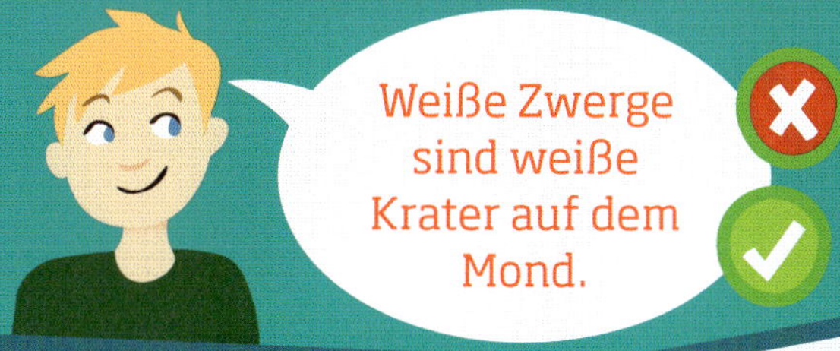

### 7 Welcher dieser Planeten ist kein Gasplanet?

- a Mars
- b Jupiter
- c Neptun

### 8 Was ist eine Raumsonde?

- a ein Flugkörper ohne Besatzung
- b ein bemanntes Transportmittel zur Raumstation
- c eine Art Rettungsinsel für Notfälle im All

### 9 In welchem Jahr landeten erstmals Menschen auf dem Mond?

- a 1958
- b 1969
- c 1974

### 10 Wie heißt unsere Heimatgalaxie?

- a Butterweg
- b Quarkallee
- c Milchstraße

Was weißt du über ...

# ... das Weltall?

**1** **Welche Aufgabe hat das Projekt SETI? Die Suche nach ...**

- a ... Außerirdischen.
- b ... fähigen Astronauten.
- c ... bedrohlichen Asteroiden.

**2** **Was misst man mit der Maßeinheit Lichtjahre?**

- a einen Zeitraum
- b eine Strecke
- c die Helligkeit

**3** **Wie heißt dieses Phänomen der Sonne?**

- a Protuberanz
- b Pomeranz
- c Potulanz

**4** **Welcher Himmelskörper wurde nach unserem Kontinent Europa benannt?**

- a ein Mond
- b ein Stern
- c ein Asteroid

**5** **Wie wird die feste Umlaufbahn der Erde um die Sonne genannt?**

- a Route
- b Orbit
- c Kurs

**6** **Wie heißt der Himmelskörper, der seit 2006 nicht mehr als Planet gilt?**

- a Lupo
- b Pluto
- c Cupo

**Wahr oder gemogelt?**

## 7 Wie nennt man diesen Krater des Mondes?

- a Psycho
- b Tycho
- c Amor

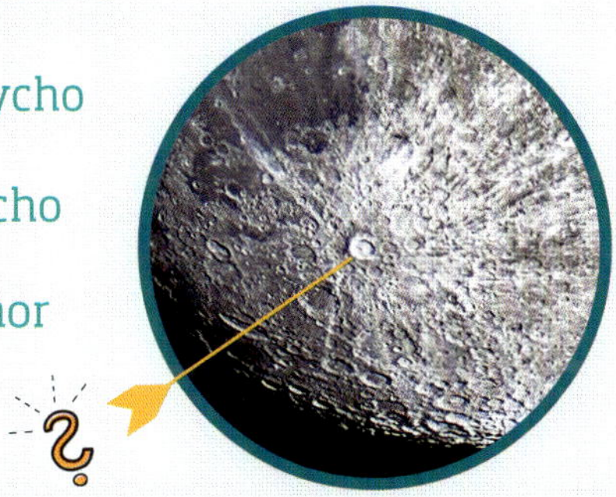

## 8 Welches Tier war das erste Lebewesen im Weltall?

- a der Kater Pluto
- b das Äffchen Apollo
- c die Hündin Laika

## 9 Welchen Kometen kann man alle 76 Jahre von der Erde aus beobachten?

- a den Kometen Machholz
- b den Enckeschen Kometen
- c den Halleyschen Kometen

## 10 Wie viel Prozent der Gesamtmasse des Sonnensystems besitzt die Sonne?

- a 0,33 Prozent
- b 43,7 Prozent
- c 99,9 Prozent

## 11 Wer betrat nach Neil Armstrong den Mond?

- a Buzz Aldrin
- b Michael Collins

Kennedy Space Center in Florida

# Was weißt du über … … das Weltall?

**1** **Wie oft gibt es ein sogenanntes Startfenster zum Mars?**

- a alle 47 Stunden
- b alle 11 Wochen
- c alle 26 Monate

**2** **Bei welcher Mission fiel der berühmte Satz »Houston, wir haben ein Problem!«?**

- a Apollo 13
- b Apollo 11
- c Apollo 7

**3** **Was ist eine Rima?**

- a ein Teleskop
- b ein Mondgraben
- c ein Meteorit

**4** **Was sind Spikulen?**

- a Planeten, auf denen Wasser vermutet wird
- b Gasströme, die aus der Sonne schießen
- c Meteoritenschauer im August

**5** **Wie lange braucht Neptun, um einmal die Sonne zu umkreisen?**

- a 28 Stunden
- b 365 Tage
- c 165 Jahre

**6** **Was hat diesen riesigen Krater im Süden Deutschlands verursacht?**

- a ein Vulkanausbruch
- b der Einschlag eines Asteroiden

**7** **Wie heißt die Explosion eines sehr massereichen Sterns?**

a Big Bang

b Astrocrash

c Supernova

**9** **Wie viele Monde besitzt der Planet Jupiter?**

a 32

b 79

c 95

**10** **Ab welcher Höhe über der Erde beginnt das Weltall?**

a 30 Kilometer

b 100 Kilometer

c 280 Kilometer

**8** **Welche Geschwindigkeit benötigt eine Rakete, um beim Start die Schwerkraft der Erde zu überwinden?**

a 3,4 Kilometer pro Sekunde

b 11,2 Kilometer pro Sekunde

c 20,3 Kilometer pro Sekunde

**11** **Was war ein Schwarzes Loch ursprünglich?**

a ein Komet

b ein Planet

c ein Stern

Was weißt du über …

# … das Weltall?

**1 Wie heißt der größte Mond des Saturn, der 2005 Besuch von einer Raumsonde erhielt?**

- a Gigant
- b Titan
- c Koloss

**2 Welches ist das am häufigsten auftretende Element im Universum?**

- a Stickstoff
- b Wasserstoff
- c Sauerstoff

**3 Wie lange braucht die Internationale Raumstation ISS, um einmal rund um die Erde zu fliegen?**

- a 90 Minuten
- b 10 Stunden

**4 Wie lange existiert die Erde bereits?**

- a rund 3,6 Milliarden Jahre
- b rund 4,6 Milliarden Jahre
- c rund 5,6 Milliarden Jahre

**5 Wie hieß die wiederverwendbare Raumfähre der NASA?**

- a Space Bus
- b Space Shuttle
- c Space Train

**6 Was ist eine Sternschnuppe?**

- a ein Meteor
- b ein Komet
- c ein Asteroid

**9 Was wird im All »die Mäuse« genannt?**

- a zwei Galaxien
- b Planeten, die sich in Nebeln »verstecken«
- c zwei Kometen mit ähnlicher Umlaufbahn

**7 Welcher Planet besitzt wie die Erde einen eisigen Nordpol?**

- a Mars
- b Venus
- c Merkur

**10 Wie viel würde ein 30 Kilogramm schweres Kind auf dem Mond wiegen?**

- a 5 Kilogramm
- b 30 Kilogramm
- c 120 Kilogramm

**8 Was ist ein Exoplanet?**

- a ein Planet, der in großer Entfernung um die Sonne kreist
- b ein Planet, der nicht um einen Stern kreist
- c ein Planet, der nicht um unsere Sonne kreist

**11 Wie heißt die Region zwischen Jupiter und Mars, in der besonders viele Asteroiden und Kometen vorkommen?**

- a Asteroidengürtel
- b Kometenband
- c Meteorschleife

# … das Weltall?

**1** **Welcher dieser Planeten gehört zu den Gesteinsplaneten?**

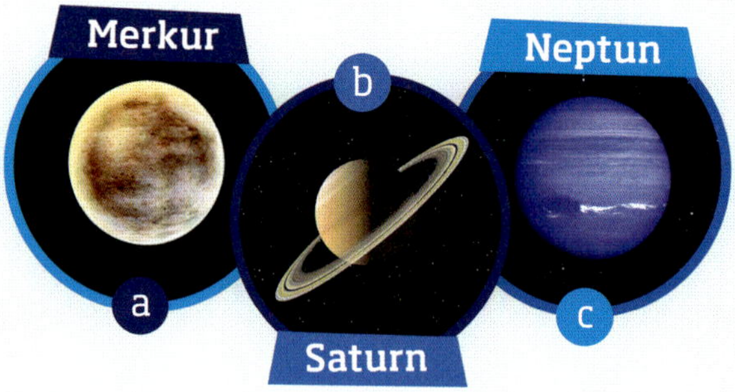


**2** **Wovor schützt unter anderem der Raumanzug im Weltall?**

- a vor Schwarzen Löchern
- b vor der Schwerkraft
- c vor den Temperaturen

**3** **Wie nennt man Gesteinsbrocken, die aus dem All auf die Erde treffen?**

- a Meteoroid
- b Meteorit
- c Meteor

**4** **Welcher Planet ist außer Saturn von einem Ring umgeben?**

- a Jupiter
- b Mars
- c Venus

**5** **Wie hieß der erste deutsche Raumfahrer?**

- a Ulf Merbold
- b Sigmund Jähn
- c Reinhard Furrer

**6** **Was sind Sonnenflecken?**

- a Orte extrem starker Magnetfelder
- b erkaltete Stellen auf der Sonne

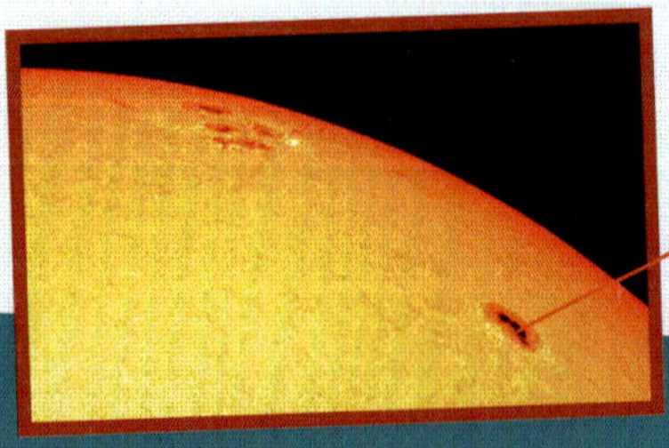

**7 Wie viele Kilometer legt das Licht in einer Sekunde zurück?**

a 144 Kilometer
b 299 792 Kilometer
c 725 372 238 Kilometer

**8 Wie viel Prozent des Universums sind bislang unbekannt?**

a 24 Prozent
b 57 Prozent
c 95 Prozent

**9 Wie lange wird unsere Sonne noch strahlen?**

a zwei Milliarden Jahre
b fünf Milliarden Jahre
c neun Milliarden Jahre

**10 Wie alt ist unsere Heimatgalaxie, die Milchstraße?**

a 6 Millionen Jahre
b 4,6 Milliarden Jahre
c 13,6 Milliarden Jahre

**11 Wie lange dauert der Flug zum Mond ungefähr?**

a eineinhalb Tage
b drei Tage
c sieben Tage

# Was weißt du über ... ... das Weltall?

**1** **Wie lange könnte ein Raumfahrer im Weltall ohne seinen Anzug überleben?**

- a 15 Sekunden
- b 7 Minuten
- c 26 Minuten

**2** **Welcher Planet schützt die Erde vor riesigen Meteoriten?**

- a Neptun
- b Mars
- c Jupiter

**3** **Welcher berühmte Wissenschaftler gab diesem Gebilde seinen Namen?**

- a Albert Einstein
- b Isaac Newton
- c Max Planck

**4** **Wie viele Planeten haben Raumfahrer schon besucht?**

- a keinen
- b einen
- c vier

**5** **Wie lautet der Name der amerikanischen Raumfahrtbehörde?**

- a ESA
- b NASA
- c FIFA

**Wahr oder gemogelt?**

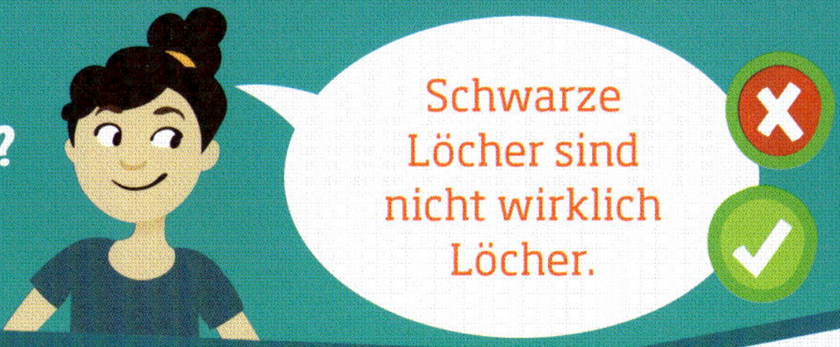


### 6 Wie viel Prozent des Universums nimmt die sogenannte Dunkle Materie ein?

- a 27 Prozent
- b 67 Prozent

### 7 Welche Himmelskörper leuchten nicht selbst?

- a Sterne
- b Planeten
- c Kometen

### 8 Was ist dieser große rote Fleck auf Jupiter?

- a ein Ozean aus Methan
- b ein Wirbelsturm
- c ein Gesteinsfeld

### 9 Wer war der erste Mensch im All?

- a Neil Armstrong
- b John Glenn
- c Juri Gagarin

### 10 Wie weit ist die Erde von der Sonne entfernt?

- a 384 000 Kilometer
- b 150 Millionen Kilometer
- c 5,5 Milliarden Kilometer

### 11 Wie wird ein Stern genannt, der sich am Ende seines Lebens aufbläht?

- a Blauer Schlumpf
- b Brauner Zwerg
- c Roter Riese

# Was weißt du über … … das Weltall?

**1** **Wie lange braucht die Erde, um einmal die Sonne zu umkreisen?**

- a 7 Tage
- b 30 Tage
- c 365 Tage

**2** **Um welche zwei Planeten kreist kein Mond?**

- a Mars und Saturn
- b Venus und Merkur
- c Uranus und Neptun

**3** **Wie heißt dieser kosmische Nebel?**

- a Pferdekopfnebel
- b Drachennebel
- c Alligatornebel

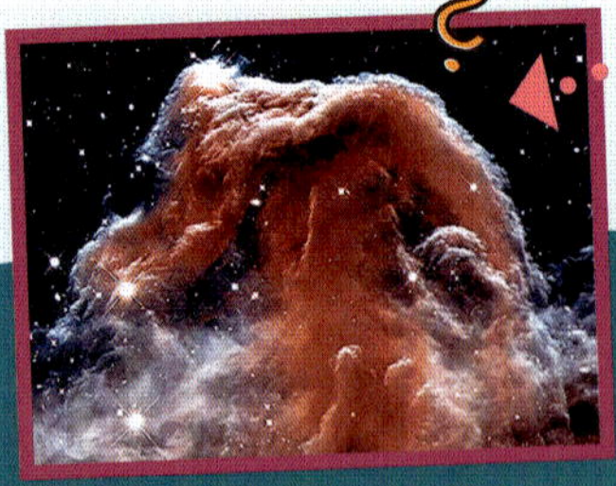

**4** **Wie heißt die wichtigste Trägerrakete der ESA?**

- a Marianne
- b Ariane
- c Diane

**5** **Wie heiß ist der Planet Venus?**

- a 30 °C
- b 464 °C
- c 2760 °C

**6** **Wächst man im Weltraum?**

- a nein, überhaupt nicht
- b ja, um etwa fünf Zentimeter
- c ja, um einen halben Meter

Wahr oder gemogelt?

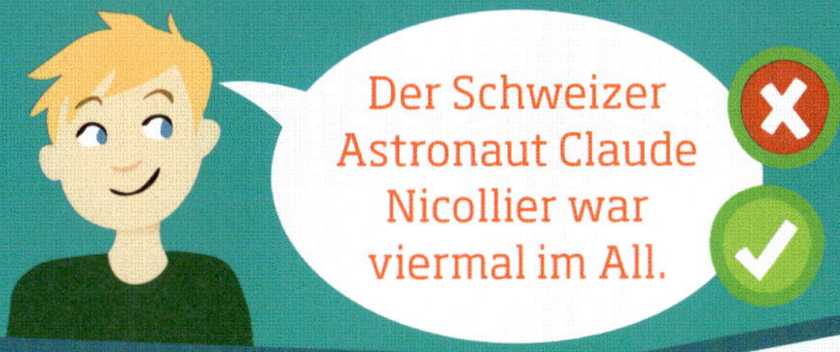


**7** **Je nach Herkunft heißen Raumfahrer anders. Ein russischer Raumfahrer ist ein ...**

- a ... Taikonaut.
- b ... Kosmonaut.
- c ... Spationaut.

**8** **Wie hieß die Mondlandefähre der Apollo-11-Mission?**

- a Hawk
- b Dragon
- c Eagle

**9** **Wie nennt man das heutige Weltbild nach Nikolaus Kopernikus?**

- a heliozentrisches Weltbild
- b geozentrisches Weltbild
- c egozentrisches Weltbild

**10** **Welcher Planet ist von der Sonne am weitesten entfernt?**

- a Merkur
- b Erde
- c Neptun

**11** **Wie schlafen Raumfahrer in der Raumstation?**

- a in Schlafsäcken
- b frei schwebend

Was weißt du über … … das Weltall?

**1** Wie heißt die 1977 gestartete Raumsonde, die 2012 das Sonnensystem verlassen hat?

- a Passenger
- b Traveller
- c Voyager

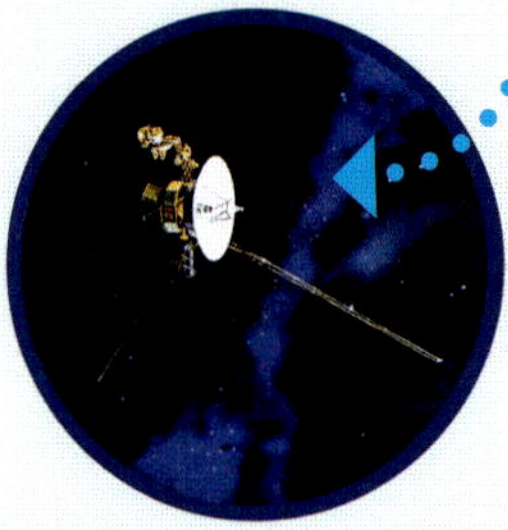

**4** Welchen Planeten nennt man auch den »Roten Planeten«?

- a Venus
- b Mars
- c Uranus

**2** Wie lang benötigt das Sonnenlicht bis zur Erde?

- a etwa 8 Minuten
- b etwa 22 Minuten
- c etwa 57 Minuten

**5** Wie schnell bewegt sich die Erde auf ihrer Bahn um die Sonne?

- a 30 Kilometer pro Sekunde
- b 80 Kilometer pro Sekunde
- c 120 Kilometer pro Sekunde

**3** Wie heißt ein Sternentstehungsgebiet in der Milchstraße?

- a Adlernebel
- b Storchennebel
- c Pelikannebel

Wahr oder gemogelt?

Die ISS ist mit bloßem Auge erkennbar.

**6** **Welche Wissenschaft beschäftigt sich mit der Erforschung des Universums?**

a die Astrologie
b die Kosmologie
c die Astronomie

**7** **In welcher Farbe leuchtet Uranus?**

a Grün
b Gelb
c Blau

**8** **Was findet im Innern der Sonne statt?**

a Kernspaltung
b Kernfusion
c Kerntrennung

**9** **Was ist hier zu sehen?**

a der Krebsnebel
b der Orionnebel

**10** **Wie lang ist die Umlaufbahn der Erde um die Sonne?**

a 486 Millionen Kilometer
b 936 Millionen Kilometer
c 2 334 Millionen Kilometer

**11** **Wie oft geht die Sonne auf der Internationalen Raumstation täglich auf und unter?**

a einmal
b viermal
c 15-mal

# ... das Weltall?

Teste dein Wissen!

## WUNDER DER NATUR

Pflanzen, Tiere, Wasser, Wind und Wetter – die Natur ist überall um uns herum. Unsere Erde bietet atemberaubende Landschaften und Lebensräume für die unterschiedlichsten Arten. Dabei hängt alles zusammen und ist perfekt aufeinander abgestimmt. Wusstest du zum Beispiel, dass Pflanzen mit Duftstoffen untereinander kommunizieren können?

# Was weißt du über ... die Natur!?

Was weißt du über …

# … die Natur?

**1 Wie wird die Alpenrose, eine Rhododendronart, noch genannt?**

a Almröschen

b Almrausch

c Almbusch

**4 Welche Lebewesen stellen Sauerstoff her?**

a Fische

b Grünpflanzen

c Korallen

**2 Welches dieser Mineralien ist am härtesten?**

a Feldspat

b Kalkstein

c Diamant

**5 Wie nennt man einen Riss oder Bruch im Gestein der Erdkruste?**

a Verwitterung

b Verwerfung

c Verfehlung

**3 Welche Pflanze ist die Einzige, die auf Braunkohle gedeihen kann?**

a Löwenzahn

b Huflattich

c Gänseblümchen

**6 Wie heißt eines der größten Wind- und Wettersysteme Asiens?**

a Mistral

b Blizzard

c Monsun

Wahr oder gemogelt?

**7** **Wie viel Prozent der Erdoberfläche sind heute ungefähr mit Eis bedeckt?**

- a etwa 10 Prozent
- b etwa 20 Prozent
- c etwa 30 Prozent

**8** **In welcher Schicht der Erdatmosphäre entsteht das Wetter?**

- a in der Stratosphäre
- b in der Thermosphäre
- c in der Troposphäre

**9** **Wie nennt man eine Ansammlung kleiner runder Eisschollen auf dem Meer?**

- a Pfannkucheneis
- b Seeroseneis

**10** **Welche Eigenschaft besitzt das Mineral Schwefel?**

- a Es ist leicht entzündlich.
- b Es ist ein weiches Edelmetall.
- c Es leuchtet im Dunkeln.

**11** **Welches Gemüse wird auch Erdapfel genannt?**

- a Kartoffel
- b Tomate
- c Zwiebel

# Was weißt du über ... ... die Natur?

**1** **Wie wird das Zentrum eines Wirbelsturms genannt?**

a Auge

b Nabel

c Kern

**2** **Welches an Deutschland angrenzende Meer ist tiefer?**

a die Nordsee

b die Ostsee

**3** **Welches Metall wird für elektrische Leitungen benötigt?**

a Kupfer

b Silber

c Eisen

**4** **Womit beschäftigt sich ein Glaziologe?**

a mit Schimmelpilzen

b mit Eis und Schnee

c mit Mineralien und Gesteinen

**5** **Welcher dieser Pilze ist essbar?**

a Pantherpilz

b Steinpilz

c Grüner Knollenblätterpilz

**6** **Wodurch ist dieses Naturwunder entstanden?**

a Erosion

b Emulsion

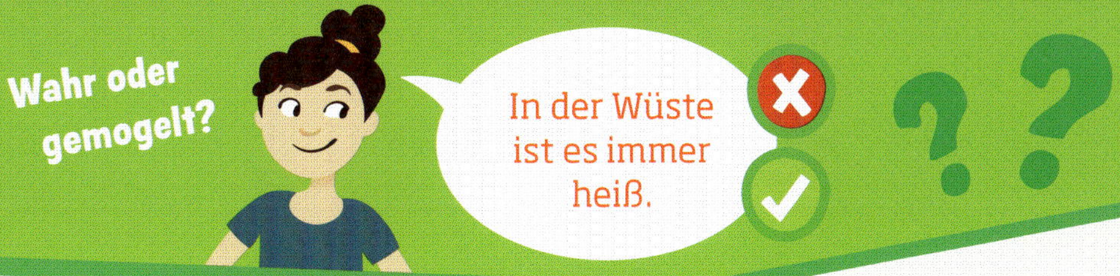


**7** **Von welchem Kontinent stammt die Banane ursprünglich?**

- a aus Australien
- b aus Asien
- c aus Afrika

**8** **Die Fetthenne ist ...**

- a ... ein beleibtes Perlhuhn.
- b ... ein schmackhafter Pilz.
- c ... eine dickblättrige Pflanze.

**9** **Wie nennt man eine Lebensgemeinschaft zwischen Baum und Pilz?**

- a Meiose
- b Mimose
- c Mykorrhiza

**10** **Welcher Stein zählt nicht zu den Edelsteinen?**

- a Topas
- b Bernstein
- c Smaragd

**11** **Wie werden die Ozeane im Mesozoikum genannt?**

- a Pazifik und Thetysmeer
- b Atlantik und Chinameer
- c Titanic und Nordmeer

# Was weißt du über ... ... die Natur?

**1** **Seit wann gibt es uns Menschen, also den Homo sapiens sapiens?**

a seit 120 000 Jahren

b seit 140 000 Jahren

c seit 160 000 Jahren

**2** **Was gibt es nicht im Regenwald?**

a Jahreszeiten

b Temperaturunterschiede

c Niederschlag

**3** **Wie nennt man eine Ansammlung vieler Windkraftanlagen?**

a Windallee

b Windpark

**4** **Wie war das Klima, als die Dinosaurier auf der Erde lebten?**

a wärmer als heute

b kälter als heute

c genauso wie heute

**5** **Aus welchem Mineral besteht eine Bleistiftmine?**

a Blei

b Grafit

c Kohle

**6** **Woraus besteht der innere Kern der Erde?**

a aus Luft

b aus heißem Magma

c aus Metall

**7** **Welche Früchte reifen aus diesen Blüten heran?**

a Haselnüsse

b Walnüsse

c Kastanien

**10** **Welche ist die größte Wüste der Welt?**

a die Antarktis

b die Sahara

c die Wüste Gobi

**8** **Wie nennt man Ebbe und Flut?**

a Gestade

b Gemäuer

c Gezeiten

**11** **Wie groß ist die Entfernung zwischen der Erdoberfläche und dem Erdmittelpunkt?**

a etwa 600 Kilometer

b etwa 6 000 Kilometer

c etwa 60 000 Kilometer

**9** **Wie lange dauert es, bis sich eine Plastikflasche aufgelöst hat?**

a etwa drei Monate

b etwa 50 Jahre

c etwa 450 Jahre

# ... die Natur?

**1 Wie heißt das flüssige vulkanische Gestein, das aus einem Vulkan austritt?**

a Lava
b Magma
c Schmelze

**2 Wie nennt man heiße Unterwasserquellen?**

a Rauchende Vulkane
b Heiße Töpfe
c Schwarze Raucher

**3 Wie wird man Förster?**

a Man macht eine Ausbildung in einer Försterei.
b Man studiert Forstwissenschaften.

**4 Womit werden Fossilien ausgegraben?**

a mit Schaufel und Hacke
b mit Bohrer und Spachtel
c mit Zirkel und Pinzette

**5 Wie viele Meter tief kann der Boden im Norden Sibiriens gefroren sein?**

a bis zu 250 Meter
b bis zu 500 Meter
c bis zu 1 000 Meter

**6 Aus welcher Pflanze wird Lakritze hergestellt?**

a Schwarzwurzel
b Süßholzwurzel
c Bitterwurzel

**Wahr oder gemogelt?**

Bambus wächst etwa einen Meter pro Tag.

### 9 Woraus besteht Luft?

- a aus einem Gasgemisch
- b aus winzigen Wasserpartikeln
- c hauptsächlich aus Kohlendioxid

### 7 Welche dieser Obstsorten ist botanisch gesehen eigentlich ein Gemüse?

- a Banane
- b Kiwi
- c Melone

### 10 Wie nennt man Wissenschaftler, die sich mit Erdbeben beschäftigen?

- a Paläontologen
- b Seismologen
- c Podologen

### 8 Womit fängt der Sonnentau, eine fleischfressende Pflanze, seine Beute?

- a mit einem klebrigen Sekret, an dem Insekten kleben bleiben
- b mit einem speziellen Duftstoff, der kleine Insekten anlockt

### 11 Wie viele Klimazonen gibt es?

- a drei
- b fünf
- c acht

Was weißt du über …

# … die Natur?

**3** **Welche Baumart wird auch »Mutter des Waldes« genannt?**

a die Rotbuche

b die Eiche

c die Tanne

**1** **Wie nennt man den Gesteinsschutt, den ein Gletscher mit sich führt?**

a Moräne

b Muräne

c Morast

**4** **Wo befindet sich das größte Wattenmeer der Welt?**

a Nordsee

b Ostsee

c Südsee

**2** **Was wird in Atomkraftwerken gespalten?**

a Plutoniumatome

b Uranatome

c Wasserstoffatome

**5** **Wie heißen diese Bäume, die an tropischen Küsten wachsen?**

a Mangroven

b Marsupalia

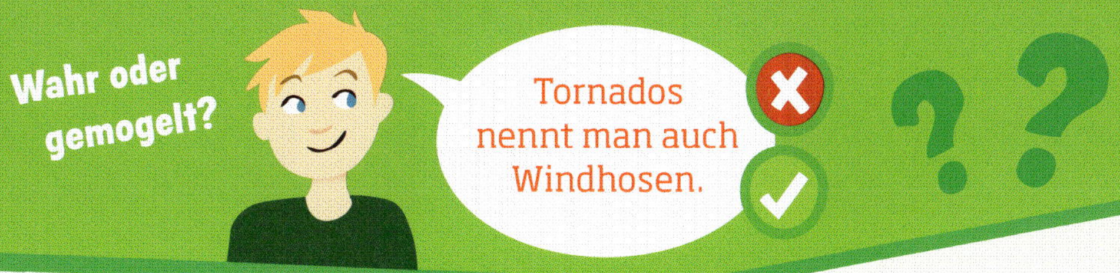


**6** **Wie viel Regenwald wird weltweit pro Minute vernichtet? Die Fläche von ...**

- a ... 3 Fußballfeldern.
- b ... 18 Fußballfeldern.
- c ... 35 Fußballfeldern.

**7** **Was sind Flechten?**

- a eine Lebensgemeinschaft aus Pilzen und Algen
- b eine Lebensgemeinschaft aus Pflanzen und Bakterien

**8** **Was ist Katzengold?**

- a eine goldgelbe Pflanze, die Katzen gerne riechen
- b ein golden schimmerndes Mineral
- c eine leuchtend gelbe Frucht

**9** **Warum brennt die Brennnessel so sehr auf der Haut?**

- a Sie besitzt feinste Brennhaare, die stechen.
- b Sie verfügt über einen brennenden Flüssigkeitsfilm.

**10** **Wie hieß der Urkontinent des Erdmittelalters?**

- a Godwana
- b Pandora
- c Pangäa

**11** **Wie schnell können Lawinen einen Berghang herunterrasen?**

- a 150 Stundenkilometer
- b 300 Stundenkilometer
- c 400 Stundenkilometer

**1** Wie nennt man einen solchen Tropfstein?

- a Stalagmit
- b Stalagnat
- c Stalaktit

**2** Welche dieser Beeren ist streng genommen gar keine Beere?

- a Heidelbeere
- b Himbeere
- c Johannisbeere

**3** Welche Pflanzen gab es nicht im Jura?

- a Farne
- b Ginkgobäume
- c Eichen

**4** Woraus hat sich Braunkohle gebildet?

- a aus Pflanzenresten
- b aus Ablagerungen von Vulkanen
- c aus Tierkadavern

**5** Wie heißen Forscher, die sich mit der Urzeit beschäftigen?

- a Ornithologen
- b Paläontologen
- c Sauriologen

**6** Welche dieser Pflanzen ist kein Getreide?

- a Weizen
- b Mais
- c Raps

Wahr oder gemogelt?

Die Arktis ist ein eigener Kontinent.

## 7 Warum geht ein Wasserläufer nicht unter?

- a Die Oberflächenspannung des Wassers trägt ihn.
- b Er paddelt wie verrückt.
- c Seine Füßchen besitzen winzige Schwimmhäute.

## 8 Welcher Ozean ist der größte?

- a der Pazifische Ozean
- b der Atlantische Ozean
- c der Indische Ozean

## 9 Auf welchem Kontinent wachsen die Bäume mit den breitesten Stämmen?

- a in Afrika
- b in Australien
- c in Nordamerika

## 10 Was ist eine Lärche?

- a ein Singvogel
- b ein Nadelbaum
- c ein Strauch

## 11 Wo befindet sich der tiefste Punkt der Erde?

- a im Marianengraben
- b im Marshallgraben
- c im Japangraben

# Was weißt du über ... ... die Natur?

**1 Welches chemische Element kommt in Computerchips vor?**

- a Silizium
- b Eisen
- c Aluminium

**2 Warum wird ein angeschnittener Apfel braun?**

- a Der Sauerstoff in der Luft färbt das Fruchtfleisch braun.
- b Die Schimmelbildung setzt sofort ein.

**3 Was löst die Gezeiten, also Ebbe und Flut, vor allem aus?**

- a der Mond
- b der Wind
- c die Sonne

**4 Wie heißen diese Baumfrüchte?**

- a Esskastanien
- b Bucheckern
- c Eicheln

**5 Was ist die Ozonschicht?**

- a eine dünne Eisschicht, welche die Arktis umgibt
- b eine schützende Gasschicht, die die Erde umgibt
- c eine Wolkenschicht, die nach einem Gewitter entsteht

Wahr oder gemogelt?

Avocados zählen zum Gemüse.

### 6 Womit wird die Tiefe des Meeres gemessen?

- a mit einem Echophon
- b mit einem Echoradar
- c mit einem Echolot

### 7 Wie alt ist die älteste Linde Deutschlands?

- a über 300 Jahre
- b über 800 Jahre
- c über 1 000 Jahre

### 8 Woher hat der Fliegenpilz seinen Namen?

- a Fliegen halten sich gerne in seiner Nähe auf.
- b Der Pilz wurde früher als Fliegenfalle verwendet.
- c Fliegen können von ihm essen, ohne sich zu vergiften.

### 9 Wie nennt man die dünne, äußere Gesteinsschicht der Erde?

- a Erdkruste
- b Erdschale
- c Erdhaut

### 10 Wo ist das Leben auf der Erde entstanden?

- a in Vulkanen
- b in Höhlen
- c im Meer

### 11 Welche Windgeschwindigkeit kann ein Tornado an seinem inneren Rand erreichen?

- a bis zu 300 Kilometer pro Stunde
- b bis zu 500 Kilometer pro Stunde

Was weißt du über …

# … die Natur?

**1** **Wie viel Prozent des Meeresbodens sind bisher genau erforscht?**

a 2 Prozent

b 7 Prozent

c 15 Prozent

**2** **Was sind Araukarien?**

a Papageienvögel

b Nadelbäume

c Bakterien

**3** **Wer oder was verursacht solche Wucherungen, sogenannte Gallen, an Pflanzen?**

a ein seltenes Virus

b Insekten

c Vögel

**4** **Wie nennt man das Abbrechen von Gletschereis ins Meer?**

a Rutschen

b Brechen

c Kalben

**5** **Wie viele Tier- und Pflanzenarten beherbergen unsere Meere?**

a etwa 130 000

b etwa 230 000

c etwa 330 000

**6** **Wie entstehen Höhlen?**

a Bewegungen in der Erdkruste erzeugen Hohlräume.

b Regenwasser dringt in löslichen Kalkstein und ätzt ihn.

c Heiße Gase im Gestein entweichen.

**7** **Wie nennt man ein Mineralgemenge mit hohem Metallgehalt?**

- a Sediment
- b Erz
- c Flöz

**8** **Aus welcher Pflanze wird das Gewürz Safran gewonnen?**

- a aus einer Tulpenart
- b aus einer Hibiskusart
- c aus einer Krokusart

**9** **In welcher Landschaft liegt das größte Hopfenanbaugebiet Deutschlands?**

- a in der Rhön
- b in der Hallertau
- c im Kraichgau

**10** **Woraus wird Kork für Flaschenverschlüsse gewonnen?**

- a aus der Korkeiche
- b aus der Korkfichte
- c aus der Korkbirke

**11** **Wie nennt man den Küstenbereich, der bei Ebbe freigelegt wird?**

- a Plattland
- b Ebbestrand
- c Watt

# Was weißt du über ... ... die Natur?

**1** **Wie nennt man ein versteinertes Saurierskelett?**

- a Mumie
- b Fossil
- c Statue

**4** **Was ist Torf?**

- a eine Unterart der Pflanzen
- b Ablagerungen von Pflanzen
- c die Kruste auf einer Wunde

**2** **Warum sind Zitronen gesund? Weil sie viel ...**

- a ... Eisen enthalten.
- b ... Vitamin D enthalten.
- c ... Vitamin C enthalten.

**5** **Welcher Begriff bezeichnet das Aufheizen des Erdklimas?**

- a Hitzeeffekt
- b Wärmeeffekt
- c Treibhauseffekt

**3** **Warum gefriert Meerwasser so selten zu Eis?**

- a weil Salzwasser langsamer gefriert als Süßwasser
- b weil Schiffe das Eis gleich wieder aufbrechen
- c weil Meerwasser immer über 0 Grad warm bleibt

**6** **Wie nennt man diese Lichterscheinung am Himmel?**

- a Fata Morgana
- b Kugelblitz
- c Halo

**7** **Wie viel Prozent der Erdoberfläche sind von Wasser bedeckt?**

- a 41 Prozent
- b 71 Prozent
- c 81 Prozent

**8** **Warum soll man die Herkulesstaude nicht anfassen? Weil …**

- a … ihr Saft brennende Blasen auf der Haut verursachen kann.
- b … sie viele kleine Dornen besitzt, die in die Haut stechen.

**9** **Aus welchem Holz werden Geigen häufig gebaut?**

- a Fichte und Ahorn
- b Erle und Linde
- c Buche und Zirbe

**10** **Was war das Mesozoikum?**

- a ein Urzeitkrebs
- b das Erdmittelalter
- c ein Säugetier

**11** **Aus welcher Pflanze wird bei uns Zucker gewonnen?**

- a aus der Zuckerrübe
- b aus dem Zuckerrohr
- c aus der Zuckerpalme

# Was weißt du über ... ... die Natur?

Teste dein Wissen!

## VOM ALTERTUM BIS ZUR NEUZEIT

Wir blicken auf eine lange und spannende Geschichte zurück. Schon vor über einer Million Jahren bevölkerten die ersten Menschen Teile der Welt. Jahrtausende später traten Ritter in edlen Rüstungen gegeneinander an. Um die Ereignisse von heute besser zu verstehen, ist es auch wichtig, die Vergangenheit zu kennen. Erfahre mehr über vergangene Kulturen, berühmte Entdecker und wichtige Ereignisse!

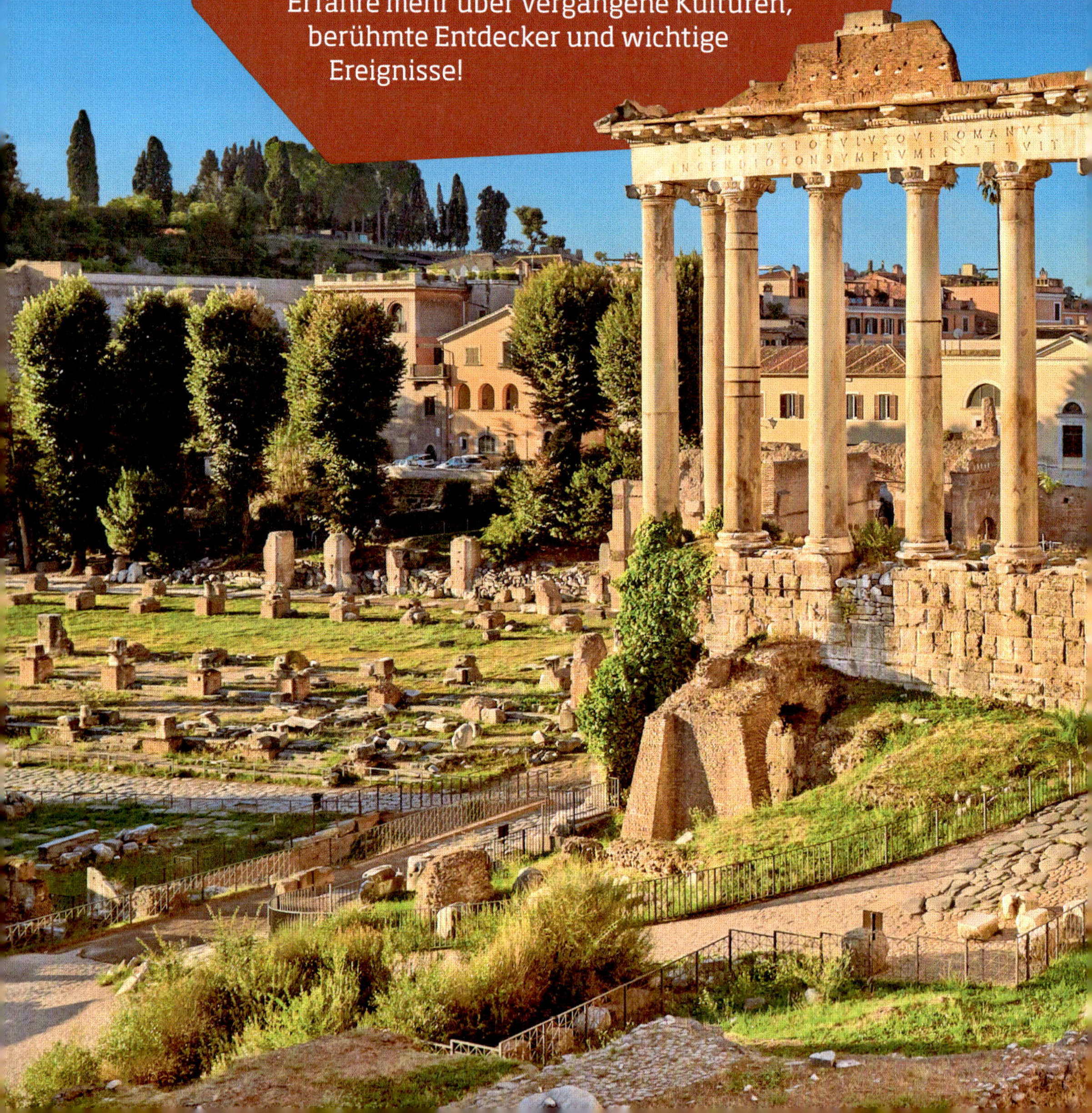

Was weißt du über ...

# Geschichte!?

# Was weißt du über … … Geschichte?

**1** **Mit welchem anderen Land wurde Österreich in einer Doppelmonarchie regiert?**

- a Ungarn
- b Italien
- c Slowenien

**2** **Wann war die Blütezeit der Ritter und Burgen?**

- a in der Neuzeit
- b im Mittelalter
- c in der Renaissance

**3** **Welches war das erste Instrument überhaupt?**

- a die Rassel
- b die Flöte
- c die Trommel

**4** **In welchem Jahr wurde die D-Mark eingeführt?**

- a 1945
- b 1948
- c 1950

**5** **Wo entstand die Demokratie?**

- a in Paris
- b in Rom
- c in Athen

**Wahr oder gemogelt?**

Im Mittelalter hatten auch Männer lange Haare.

## 6 Was nutzten die Wikinger, um ihre Schiffe auf dem Meer zu navigieren?

a Vögel

b den Magnetkompass

c die Sterne

## 7 Wie nannte man die Römerkastelle, die Vorläufer unserer Burgen?

a »castella«

b »turmus«

c »burgus«

## 8 Wer erfand die Lokomotive?

a Richard Trevithick

b Thomas Newcomen

c James Watt

## 9 In welchem Jahr wurde Cäsar ermordet?

a 44 vor Christus

b 55 vor Christus

c 66 vor Christus

## 10 Welcher Seefahrer umsegelte als Erster die Welt?

a James Cook

b Ferdinand Magellan

c Christoph Kolumbus

## 11 Wie viele Weltwunder gibt es?

a drei

b sieben

c vierzehn

# Was weißt du über ... ... Geschichte?

**1** **Welche war die erste Schrift?**

- a die Keilschrift
- b die Hieroglyphen
- c die arabische Schrift

**2** **Wie signalisierten Piraten anderen Schiffen ihre Absichten?**

- a mit einem Kanonenschuss
- b mit einer Fackel
- c mit einer Flagge

**3** **Welcher Vulkan verschüttete bei einem Ausbruch eine ganze Stadt?**

- a der Ätna
- b der Vesuv
- c der Stromboli

**4** **Unter welchem deutschen Kaiser kämpften die ersten Ritter?**

- a Ludwig der Deutsche
- b Arnulf der Böse
- c Karl der Große

**5** **Welche Frau befreite im 15. Jahrhundert die Stadt Orléans von der englischen Besatzung?**

- a Aliénor d'Aquitaine
- b Jeanne d'Arc

Wahr oder gemogelt?

Kaugummi wurde bereits in der Steinzeit erfunden.

**6 Vervollständige den Merksatz: Sieben, fünf, drei ...**

- a ... Rom schlüpft aus dem Ei!
- b ... in Rom gibt's Streiterei!
- c ... Rom entsteht im Mai!

**7 Welche frühe Hochkultur war bekannt für ihre grausamen Menschenopfer?**

- a Ägypter
- b Sumer
- c Azteken

**8 Wer erreichte als erster Mensch den geografischen Südpol?**

- a Roald Amundsen
- b Robert F. Scott
- c Robert Peary

**9 Welche Erfindung von 1879 verbesserte die Herstellung von Schokolade entscheidend?**

- a die Conchiermaschine
- b die Dampfmaschine

**10 Welcher Forscher gilt als Pionier unter den Archäologen?**

- a Isaac Newton
- b Heinrich Schliemann
- c Nikolaus Kopernikus

**11 Was war eine typische Waffe eines Gladiators?**

- a Axt
- b Dreizack
- c Taschenmesser

# Was weißt du über … … Geschichte?

**1 Was ist eine Zisterne?**

a eine Abwassergrube

b ein Behälter zum Sammeln von Regenwasser

c ein mittelalterliches Fernglas

**2 Wer war Klaus Störtebeker?**

a ein Meeresforscher

b ein Entdecker

c ein Pirat

**3 An welchem Ort übersetzte Martin Luther das Neue Testament?**

a Schloss Neuschwanstein

b Wartburg

c Burg Eltz

**4 Welcher war der höchste Gott der Römer?**

a Mars

b Jupiter

c Amor

**5 In welchem Jahr ging die »Titanic« unter?**

a 1782

b 1842

c 1912

**6 Wo fand die erste Kinovorführung statt?**

a in Amsterdam

b in New York

c in Paris

Wahr oder gemogelt?

Mit dem Log konnten Seefahrer die Himmelsrichtung messen.

**7** **Wie hieß die erste vom Steinzeitmenschen entwickelte Fernwaffe?**

- a Langbogen
- b Steinschleuder
- c Speerschleuder

**8** **Welches Tier war bei den Ägyptern besonders heilig?**

- a der Mistkäfer
- b der Schmetterling
- c die Gottesanbeterin

**10** **Wie viele Jahre lang gab es zwei deutsche Staaten?**

- a 14 Jahre
- b 41 Jahre
- c 72 Jahre

**9** **Wie heißt der berühmteste Inkaort hoch oben in den Anden?**

- a Teotihuacán
- b Machu Picchu

**11** **Was veranstalteten die alten Griechen besonders gerne?**

- a Wettkämpfe
- b Feste
- c Opern

# Was weißt du über … … Geschichte?

## 1 Wer war Wolfgang Amadeus Mozart?

a ein Schriftsteller

b ein Komponist

c ein Maler

## 4 Wer waren die Etrusker?

a ein Volk in Norditalien

b Sklaven

c Bedienstete

## 2 Welcher Papst rief 1095 zum Ersten Kreuzzug auf?

a Papst Urban II.

b Papst Pius XII.

c Papst Johannes Paul II.

## 5 Welche Sprache war im Mittelalter die Sprache der Gebildeten?

a Griechisch

b Hebräisch

c Latein

## 3 Wo befand sich das bekannteste Piratennest?

a auf Tortuga

b auf São Miguel

c auf Mauritius

## 6 Welches dieser Schiffe gehörte den Wikingern?

**7** **Wann war die Schweiz Austragungsort für die Fußballweltmeisterschaft?**

- a 1954
- b 1962
- c 1986

**8** **Wo lebten die ersten Menschen?**

- a in Asien
- b in Afrika
- c in Europa

**9** **Welcher war der erste Ritterorden?**

- a die Johanniter
- b der Deutsche Orden
- c die Tempelritter

**10** **Wo wurde die erste Straßenbahn der Welt gebaut?**

- a in London
- b in Berlin
- c in Barcelona

**11** **Wer war Maria Theresia?**

- a eine österreichische Kaiserin
- b eine österreichische Schriftstellerin
- c eine österreichische Heilige

# Was weißt du über ... ... Geschichte?

**1 Wie hoch ist die Cheops-Pyramide von Gizeh?**

a etwa 89 Meter
b etwa 138 Meter
c etwa 315 Meter

**2 Welche Sprachen haben sich aus dem Lateinischen entwickelt?**

a die germanischen Sprachen
b die romanischen Sprachen
c die slawischen Sprachen

**3 Was wurde im Neandertal gefunden?**

a eine steinzeitliche Siedlung
b ein Hügelgrab
c urzeitliche Knochen

**4 Wodurch gewannen die Griechen den Trojanischen Krieg?**

a mit einem Holzpferd
b mit einer Keule
c mit Pech und Schwefel

**5 Wer gab den Ureinwohnern von Amerika den Namen Indianer?**

a John Smith
b Francisco Pizarro
c Christoph Kolumbus

**6 Wie lautete der Spitzname Elisabeths von Österreich-Ungarn, der Ehefrau von Kaiser Franz Joseph I.?**

a Elli
b Sisi
c Betty

## Wahr oder gemogelt?

Es gab die sogenannte Runen-gymnastik.

**7 Welcher war der erste Römer, der sein Bild auf Münzen prägen ließ?**

- a Augustus
- b Cäsar
- c Nero

**8 Wer war Hildegard von Bingen?**

- a eine Königin
- b ein Burgfräulein
- c eine Nonne

**10 Welche Vögel wurden im Mittelalter zum Jagen eingesetzt?**

- a Tauben
- b Falken
- c Eulen

**9 Wer war der erste deutsche Bundeskanzler nach dem Zweiten Weltkrieg?**

- a Konrad Adenauer
- b Helmut Kohl
- c Ludwig Erhard

**11 Von welchem Volk sollen die Römer die Gladiatorenkämpfe übernommen haben?**

- a von den Griechen
- b von den Etruskern
- c von den Germanen

Was weißt du über ...

# ... Geschichte?

**1** **Wie nannte man das japanische Gegenstück zum europäischen Ritter?**

- a Samurai
- b Ninja
- c Kung-Fu-Kämpfer

**2** **Wieso nannte man Kaiser Friedrich I. auch Barbarossa?**

- a Er war ein germanischer Barbar.
- b Er hatte einen roten Bart.
- c Seine Frau hieß Barbara.

**3** **Wann entstand die erste Oper?**

- a 1407
- b 1607
- c 1807

**4** **Wer war für den großen Sklavenaufstand von 73–71 vor Christus verantwortlich?**

- a Brutus
- b Spartacus
- c Hannibal

**5** **Wie hieß der griechische Gott des Meeres?**

- a Hephaistos
- b Zeus
- c Poseidon

**Wahr oder gemogelt?**

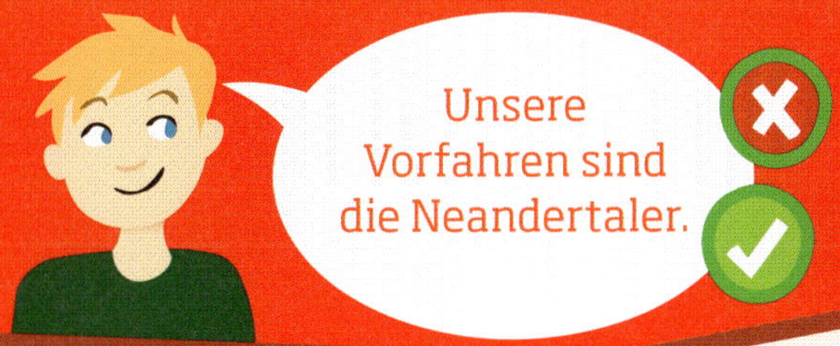


**6** **Welchem Pharao gehörte diese Totenmaske?**

a Tutanchamun

b Amun-Re

c Hatschepsut

**9** **Mit wie vielen Thesen setzte Martin Luther im Jahr 1517 die Reformation in Gang?**

a 75 Thesen

b 95 Thesen

c 105 Thesen

**7** **Wie viele Kreuzzüge gab es insgesamt?**

a drei

b fünf

c sieben

**10** **Wer war Sigmund Freud?**

a ein Politiker

b ein Psychologe

c ein Pianist

**8** **Seit wann dürfen Frauen in der Schweiz wählen?**

a 1751

b 1845

c 1971

**11** **Wer erfand den modernen Buchdruck mit beweglichen Lettern?**

a Johannes Gutenberg

b Anton Kippenberg

**1** **Wo fuhr 1835 in Deutschland die erste Eisenbahn?**

a zwischen Ansbach und Nürnberg

b zwischen Eichstätt und Ingolstadt

c zwischen Nürnberg und Fürth

**2** **Welches kaiserliche Herrschergeschlecht regierte über 600 Jahre lang in Österreich?**

a die Habsburger

b die Fugger

**3** **Wie nannten die Indianer diese Waffe?**

a Skalp

b Coup

c Tomahawk

**4** **Wie hieß die griechische Göttin der Weisheit?**

a Hera

b Athene

c Hestia

**5** **Der Ritter Götz von Berlichingen war bekannt für ...**

a ... seinen hölzernen Fuß.

b ... seinen spitzen Hut.

c ... seine eiserne Hand.

**6** **Wie hieß der höchste Gott der Ägypter?**

a Anubis

b Amun-Re

c Osiris

**Wahr oder gemogelt?**

**7 Wie hieß das erste Gerät, mit dem Musik aufgezeichnet und abgespielt werden konnte?**

a Phonograph

b Audiokassette

c Grammophon

**8 Was war die Hauptstadt des Oströmischen Reiches?**

a Rom

b Alexandria

c Konstantinopel

**9 Auf welcher österreichischen Burg wurde in den Jahren 1192/1193 der englische König Richard Löwenherz gefangen gehalten?**

a auf der Kuenringerburg

b auf der Burg Bernstein

**10 Seit wann gibt es eine weitgehend vereinheitlichte deutsche Sprache?**

a seit dem Mittelalter

b seit der Neuzeit

c seit der Renaissance

**11 Wie heißt der sagenhafte Inselstaat, der angeblich im Meer versunken ist?**

a Bermudas

b Atlantis

# Was weißt du über ... ... Geschichte?

**1** **Wo wurde das Papier erfunden?**

- a in Japan
- b in China
- c in Indien

**2** **Was sind Aquädukte?**

- a Wasserleitungen
- b Pferderennbahnen
- c Freibäder

**3** **Wer entschlüsselte die Hieroglyphen?**

- a Heinrich Schliemann
- b Jean-François Champollion

**4** **Wer war Aristoteles?**

- a ein Arzt
- b ein Tyrann
- c ein Philosoph

**5** **Wann entwickelte sich die Hochkultur der Maya?**

- a 1500 v. Chr.
- b 270 v. Chr.
- c 900 n. Chr.

**6** **Wer erfand die Armbanduhr?**

- a Jean-Jacques Rousseau
- b Hermann Hesse
- c Abraham-Louis Breguet

**7** **In welchem Jahr und unter welchem Kaiser hatte das Römische Reich die größte Ausdehnung?**

- a 13 nach Christus unter Augustus
- b 117 nach Christus unter Trajan

**8** **Wer war Walther von der Vogelweide?**

- a ein Minnesänger
- b ein Ritter
- c ein Gelehrter

**10** **Wie hieß der höchste Gott der Wikinger?**

- a Freyr
- b Thor
- c Odin

**9** **Wie viele Zuschauer fasste das Kolosseum in Rom?**

- a 50 000 Zuschauer
- b 80 000 Zuschauer

**11** **Wer war die letzte Pharaonin?**

- a Teje
- b Kleopatra
- c Nofretete

Was weißt du über ...

# ... Geschichte?

Teste dein Wissen!
Marco Polo
Ferdinand Magellan
Christoph Kolumbus

## S. 4–5

1 b) Blauwal

2 c) Koala

3 a) Dumbo Octopus

4 b) Keratin

5 c) Schmetterlinge

6 b) etwa 48 000

7 c) Flusspferd

8 a) Fähe

9 c) Die Hügel dienen der Belüftung seiner Gänge.

10 b) Vollblüter

11 b) Evolution

✓ Wahr oder gemogelt? Wahr.

## S. 6–7

1 a) Stockente

2 b) Lemuren

3 c) Eoraptor

4 c) Uhu

5 a) Friedfisch

6 b) Amphibien

7 a) das Alter

8 c) in der Nacht

9 a) … eine Schleichkatze.

10 b) etwa 25 Minuten

11 c) ein großer Einsiedlerkrebs

✗ Wahr oder gemogelt? Gemogelt.

## S. 8–9

1 b) die Art, zu der der Marienkäfer gehört

2 a) am kräftigen Gebiss

3 c) Kreuzspinne

4 a) Kobel

5 b) Falabella

6 a) in der Kreidezeit

7 a) Finne, Flipper und Fluke

8 a) … Winterschlaf.

9 c) 100 Dezibel

10 b) mit Elefanten

11 b) Kaiserpinguine

✗ Wahr oder gemogelt? Gemogelt.

# Lösungen

## S. 10–11

1 b) Nutria
2 c) Grauwale
3 b) für das Gleichgewicht
4 c) ein Einzeller
5 a) Einsiedlerkrebs
6 b) Ihre Füße sind gefiedert.
7 a) Andenkondor
8 b) an den Zähnen
9 c) Pinguin
10 a) Amsel
11 a) in der Trias

✓ Wahr oder gemogelt?
Wahr.

## S. 12–13

1 b) ... mit Luftkammern durchsetzt.
2 a) Chihuahua
3 a) Haselmaus
4 b) in Australien
5 c) bis zu zwei Millionen
6 b) aus Wasser
7 b) die Fettschicht der Wale
8 c) Löwen
9 b) die Quastenflosser
10 a) Reh
11 c) Pflanzen

✗ Wahr oder gemogelt?
Gemogelt.

## S. 14–15

1 a) Stechmücken
2 b) Stinktier
3 b) ... eine Walnuss.
4 c) Katta
5 c) 22 Liter
6 c) Plankton
7 a) Tiger
8 b) Sie produziert ekelfhaft schmeckenden Schleim.
9 c) »schreckliche Echse«
10 b) Seeadler
11 a) endemische Tierarten

✓ Wahr oder gemogelt?
Wahr.

# Lösungen

## S. 16–17

1 c) Etruskerspitzmaus
2 a) ... Knorpelfischen.
3 b) 30 Zentimeter
4 c) am Bauch
5 b) in Amerika
6 b) 80–96 Stundenkilometer
7 b) von Fischen
8 c) Fische
9 b) Kodiakbär und Kamtschatkabär
10 b) Kiebitz
11 c) in der Eiszeit

✓ Wahr oder gemogelt? Wahr.

## S. 18–19

1 a) reflektierende Augen
2 c) 147 Zentimeter
3 b) sechs Meter
4 a) Raupen
5 c) Giganotosaurus
6 b) die Meeresschildkröte
7 a) Kuckuck
8 c) Mauerbiene
9 b) Schule
10 a) Rothirsch
11 a) zwanzig Meter

✗ Wahr oder gemogelt? Gemogelt.

## S. 20–21

1 b) Zitteraal
2 a) Eohippus
3 c) in Argentinien
4 b) Orca
5 a) Uhu
6 a) der Schlammspringer
7 a) so groß wie eine Kirsche
8 b) Pistolenkrebs
9 b) Waldrapp
10 a) Fuchs
11 b) ein vierter Finger

✗ Wahr oder gemogelt? Gemogelt.

# Was wusstest du über … … die Länder der Welt?

## S. 26–27

1 b) über 6 500

2 b) Canberra

3 a) in Kambodscha

4 a) Blau und Gelb

5 b) 2002

6 c) Aserbaidschan

7 b) Italien

8 a) Kleine Antillen

9 c) am 4. Juli

10 b) ein Berg im Kaukasusgebirge

11 a) Amerika

✓ Wahr oder gemogelt? Wahr.

## S. 28–29

1 b) 1931

2 a) das Schwarze Meer und das Marmarameer

3 b) »Löwenstadt«

4 a) vier Millionen

5 b) acht

6 c) in Japan

7 c) von der UNESCO

8 b) in Uruguay

9 b) Frankreich und Großbritannien

10 b) 54

11 a) seiner Lieblingsfrau

✓ Wahr oder gemogelt? Wahr.

## S. 30–31

1 b) ins Kaspische Meer

2 c) 196

3 a) auf der Osterinsel

4 a) Russland

5 a) … ein spanisches Dessert.

6 a) Irland

7 a) Frankreich

8 c) 1 500 Kilometer

9 b) Magellanstraße

10 c) der Shinkansen

11 b) Kasachstan

✗ Wahr oder gemogelt? Gemogelt.

# Lösungen

## S. 32–33

1 a) Buenos Aires

2 b) 5 895 Meter

3 b) London Eye

4 c) ... Freiheit.

5 a) Baikalsee

6 a) die Ardennen

7 a) Queen Elisabeth II.

8 b) in Jordanien

9 b) vier

10 b) China

11 c) 855 000

Wahr oder gemogelt?
Wahr.

## S. 34–35

1 b) 24

2 b) ... zweitgrößte Stadt Russlands.

3 b) zu Indonesien

4 a) der Colorado

5 c) Senegal

6 c) in Belgien

7 a) ... Atlantischen Ozean.

8 b) für die Einheit aller europäischen Länder

9 c) auf 3 120 Meter

10 a) das Uralgebirge

11 c) in Chile

Wahr oder gemogelt?
Gemogelt.

## S. 36–37

1 a) Dinar

2 b) ... Pazifischen Ozean.

3 b) Piroggen

4 a) in Rio de Janeiro

5 a) eine Zeder

6 c) Vatikanstadt

7 b) von Weißrussland

8 b) neun

9 a) der Große Panda

10 a) in Mexiko

11 a) der Nil

Wahr oder gemogelt?
Gemogelt.

# Lösungen

## S. 38–39

1 c) Tokio
2 c) aus Indonesien
3 a) Kapstadt
4 b) der Yellowstone-National-park
5 a) an der Donau
6 a) Ulan Bator
7 b) Blau und Weiß
8 b) etwa 55 Kilometer
9 b) 1960 in Frankreich
10 c) Iguaçu-Fälle
11 c) Venezuela

✓ Wahr oder gemogelt? Wahr.

## S. 40–41

1 c) 160
2 b) Rubel
3 b) Nairobi
4 c) Rot, Blau und Weiß
5 a) Chinesisch
6 a) im Sudan
7 c) 42 000
8 a) Kanada und die USA
9 a) aus Fischeiern
10 a) Kyoto
11 c) in Shanghai

✗ Wahr oder gemogelt? Gemogelt.

## S. 42–43

1 b) das Kolosseum von Rom
2 b) 80 Meter
3 c) 8 848 Meter
4 a) Jangtsekiang
5 c) Großbritannien
6 b) Litauen
7 b) Südafrika
8 a) in Marokko
9 b) Hawaii
10 c) der Mont Blanc
11 b) ein Ahornblatt

✓ Wahr oder gemogelt? Wahr.

# ... das Weltall?

## S. 48–49

1 a) Kassiopeia

2 b) Jupiter

3 b) Georges Lemaître

4 c) Alexander Gerst

5 a) etwa 40 000 Kilometer

6 b) Weltraumspaziergang

7 a) Mars

8 a) ein Flugkörper ohne Besatzung

9 b) 1969

10 c) Milchstraße

Wahr oder gemogelt? Gemogelt.

## S. 50–51

1 a) ... Außerirdischen.

2 b) eine Strecke

3 a) Protuberanz

4 a) ein Mond

5 b) Orbit

6 b) Pluto

7 b) Tycho

8 c) die Hündin Laika

9 c) den Halleyschen Kometen

10 c) 99,9 Prozent

11 a) Buzz Aldrin

Wahr oder gemogelt? Gemogelt.

## S. 52–53

1 c) alle 26 Monate

2 a) Apollo 13

3 b) ein Mondgraben

4 b) Gasströme, die aus der Sonne schießen

5 c) 165 Jahre

6 b) der Einschlag eines Asteroiden

7 c) Supernova

8 b) 11,2 Kilometer pro Sekunde

9 b) 79

10 b) 100 Kilometer

11 c) ein Stern

Wahr oder gemogelt? Wahr.

# Lösungen

## S. 54–55

1 b) Titan

2 b) Wasserstoff

3 a) 90 Minuten

4 b) rund 4,6 Milliarden Jahre

5 b) Space Shuttle

6 a) ein Meteor

7 a) Mars

8 c) ein Planet, der nicht um unsere Sonne kreist

9 a) zwei Galaxien

10 a) 5 Kilogramm

11 a) Asteroidengürtel

✗ Wahr oder gemogelt? Gemogelt.

## S. 56–57

1 a) Merkur

2 c) vor den Temperaturen

3 b) Meteorit

4 a) Jupiter

5 b) Sigmund Jähn

6 a) Orte extrem starker Magnetfelder

7 b) 299 792 Kilometer

8 c) 95 Prozent

9 b) fünf Milliarden Jahre

10 c) 13,6 Milliarden Jahre

11 b) drei Tage

✓ Wahr oder gemogelt? Wahr.

## S. 58–59

1 a) 15 Sekunden

2 c) Jupiter

3 a) Albert Einstein

4 a) keinen

5 b) NASA

6 a) 27 Prozent

7 b) Planeten

8 b) ein Wirbelsturm

9 c) Juri Gagarin

10 b) 150 Millionen Kilometer

11 c) Roter Riese

✓ Wahr oder gemogelt? Wahr.

# Lösungen

## S. 60–61

1 c) 365 Tage

2 b) Venus und Merkur

3 a) Pferdekopfnebel

4 b) Ariane

5 b) 464 °C

6 b) ja, um etwa fünf Zentimeter

7 b) … ein Kosmonaut.

8 c) Eagle

9 a) heliozentrisches Weltbild

10 c) Neptun

11 a) in Schlafsäcken

✓ Wahr oder gemogelt?
Wahr.

## S. 62–63

1 c) Voyager

2 a) etwa 8 Minuten

3 a) Adlernebel

4 b) Mars

5 a) 30 Kilometer pro Sekunde

6 c) die Astronomie

7 c) Blau

8 b) Kernfusion

9 b) der Orionnebel

10 b) 936 Millionen Kilometer

11 c) 15-mal

✓ Wahr oder gemogelt?
Wahr.

# Was wusstest du über … … die Natur?

## S. 68–69

1 b) Almrausch
2 c) Diamant
3 b) Huflattich
4 b) Grünpflanzen
5 b) Verwerfung
6 c) Monsun
7 a) etwa 10 Prozent
8 c) in der Troposphäre
9 a) Pfannkucheneis
10 a) Es ist leicht entzündlich.
11 a) Kartoffel

✓ Wahr oder gemogelt?
Wahr.

## S. 70–71

1 a) Auge
2 a) die Nordsee
3 a) Kupfer
4 b) mit Eis und Schnee
5 b) Steinpilz
6 a) Erosion
7 b) aus Asien
8 c) … eine dickblättrige Pflanze.
9 c) Mykorrhiza
10 b) Bernstein
11 a) Pazifik und Thetysmeer

✗ Wahr oder gemogelt?
Gemogelt.

## S. 72–73

1 c) seit 160 000 Jahren
2 a) Jahreszeiten
3 b) Windpark
4 a) wärmer als heute
5 b) Grafit
6 c) aus Metall
7 a) Haselnüsse
8 c) Gezeiten
9 c) etwa 450 Jahre
10 a) die Antarktis
11 b) etwa 6 000 Kilometer

✓ Wahr oder gemogelt?
Wahr.

# Lösungen

## S. 74–75

1 a) Lava

2 c) Schwarze Raucher

3 b) Man studiert Forstwissenschaften.

4 a) mit Schaufel und Hacke

5 c) bis zu 1 000 Meter

6 b) Süßholzwurzel

7 c) Melone

8 a) mit einem klebrigen Sekret, an dem Insekten kleben bleiben

9 a) aus einem Gasgemisch

10 b) Seismologen

11 b) fünf

✓ Wahr oder gemogelt? Wahr.

## S. 76–77

1 a) Moräne

2 b) Uranatome

3 a) die Rotbuche

4 a) Nordsee

5 a) Mangroven

6 c) ... 35 Fußballfeldern.

7 a) eine Lebensgemeinschaft aus Pilzen und Algen

8 b) ein golden schimmerndes Mineral

9 a) Sie besitzt feinste Brennhaare, die stechen.

10 c) Pangäa

11 b) 300 Stundenkilometer

✓ Wahr oder gemogelt? Wahr.

## S. 78–79

1 c) Stalaktit

2 b) Himbeere

3 c) Eichen

4 a) aus Pflanzenresten

5 b) Paläontologen

6 c) Raps

7 a) Die Oberflächenspannung des Wassers trägt ihn.

8 a) der Pazifische Ozean

9 a) in Afrika

10 b) ein Nadelbaum

# Lösungen

11 a) im Marianengraben

Wahr oder gemogelt?
Gemogelt.

## S. 80–81

1 a) Silizium

2 a) Der Sauerstoff in der Luft färbt das Fruchtfleisch braun.

3 a) der Mond

4 b) Bucheckern

5 b) eine schützende Gasschicht, die die Erde umgibt

6 c) mit einem Echolot

7 c) über 1 000 Jahre

8 b) Der Pilz wurde früher als Fliegenfalle verwendet.

9 a) Erdkruste

10 c) im Meer

11 b) bis zu 500 Kilometer pro Stunde

Wahr oder gemogelt?
Gemogelt.

## S. 82–83

1 a) 2 Prozent

2 b) Nadelbäume

3 b) Insekten

4 c) Kalben

5 b) etwas 230 000

6 b) Regenwasser dringt in löslichen Kalkstein und ätzt ihn.

7 b) Erz

8 c) aus einer Krokusart

9 b) in der Hallertau

10 a) aus der Korkeiche

11 c) Watt

Wahr oder gemogelt?
Gemogelt.

## S. 84–85

1 b) Fossil

2 c) … Vitamin C enthalten.

3 a) weil Salzwasser langsamer gefriert als Süßwasser

4 b) Ablagerungen von Pflanzen

# Lösungen

5 c) Treibhauseffekt

6 c) Halo

7 b) 71 Prozent

8 a) … ihr Saft brennende Blasen auf der Hauft verursachen kann.

9 a) Fichte und Ahorn

10 b) das Erdmittelalter

11 a) aus der Zuckerrübe

✓ Wahr oder gemogelt? Wahr.

# … Geschichte?

## S. 90–91

1 a) Ungarn
2 b) im Mittelalter
3 b) die Flöte
4 b) 1948
5 c) in Athen
6 a) Vögel
7 c) »burgus«
8 a) Richard Trevithick
9 a) 44 vor Christus
10 b) Ferdinand Magellan
11 b) sieben

✓ Wahr oder gemogelt? Wahr.

## S. 92–93

1 a) die Keilschrift
2 c) mit einer Flagge
3 b) der Vesuv
4 c) Karl der Große
5 b) Jeanne d'Arc
6 a) … Rom schlüpft aus dem Ei!
7 c) Azteken
8 a) Roald Amundsen
9 a) die Conchiermaschine
10 b) Heinrich Schliemann
11 b) Dreizack

✓ Wahr oder gemogelt? Wahr.

## S. 94–95

1 b) ein Behälter zum Sammeln von Regenwasser
2 c) ein Pirat
3 b) Wartburg
4 b) Jupiter
5 c) 1912
6 c) in Paris
7 c) Speerschleuder
8 a) der Mistkäfer
9 b) Machu Picchu
10 b) 41 Jahre
11 a) Wettkämpfe

✗ Wahr oder gemogelt? Gemogelt.

# Lösungen

## S. 96–97

1 b) ein Komponist
2 a) Papst Urban II.
3 a) auf Tortuga
4 a) ein Volk in Norditalien
5 c) Latein
6 c) Drakkar
7 a) 1954
8 b) in Afrika
9 c) die Tempelritter
10 b) in Berlin
11 a) eine österreichische Kaiserin

✓ Wahr oder gemogelt? Wahr.

## S. 98–99

1 b) etwa 138 Meter
2 b) die romanischen Sprachen
3 c) urzeitliche Knochen
4 a) mit einem Holzpferd
5 c) Christoph Kolumbus
6 b) Sisi
7 b) Cäsar
8 c) eine Nonne
9 a) Konrad Adenauer
10 b) Falken
11 b) von den Etruskern

✓ Wahr oder gemogelt? Wahr.

## S. 100–101

1 a) Samurai
2 b) Er hatte einen roten Bart.
3 b) 1607
4 b) Spartacus
5 c) Poseidon
6 a) Tutanchamun
7 c) sieben
8 c) 1971
9 b) 95 Thesen
10 b) ein Psychologe
11 a) Johannes Gutenberg

✗ Wahr oder gemogelt? Gemogelt.

# Lösungen

## S. 102–103

1 c) zwischen Nürnberg und Fürth

2 a) die Habsburger

3 c) Tomahawk

4 b) Athene

5 c) … seine einserne Hand.

6 b) Amun-Re

7 a) Phonograph

8 c) Konstantinopel

9 a) auf der Kuenringerburg

10 b) seit der Neuzeit

11 b) Atlantis

Wahr oder gemogelt? Gemogelt.

## S. 104–105

1 b) in China

2 a) Wasserleitungen

3 b) Jean-François Champollion

4 c) ein Philosoph

5 a) 1 500 v. Chr.

6 c) Abraham-Louis Breguet

7 b) 117 nach Christus unter Trajan

8 a) ein Minnesänger

9 a) 50 000 Zuschauer

10 c) Odin

11 b) Kleopatra

Wahr oder gemogelt? Wahr.

## Notiere hier deinen …

# … Punktestand!

| Name | | | | | | Gesamt |
|---|---|---|---|---|---|---|
| | | | | | | |
| | | | | | | |
| | | | | | | |
| | | | | | | |
| | | | | | | |
| | | | | | | |
| | | | | | | |
| | | | | | | |
| | | | | | | |
| | | | | | | |
| | | | | | | |
| | | | | | | |
| | | | | | | |

## Wer hat gewonnen?

| Name | | | | | | Gesamt |
|---|---|---|---|---|---|---|
| | | | | | | |
| | | | | | | |
| | | | | | | |
| | | | | | | |
| | | | | | | |
| | | | | | | |
| | | | | | | |
| | | | | | | |
| | | | | | | |
| | | | | | | |
| | | | | | | |
| | | | | | | |
| | | | | | | |

Tiere · Länder der Welt · Weltall · Natur · Geschichte

Notiere hier deinen …

# … Punktestand!

| Name | | | | | | Gesamt |
|---|---|---|---|---|---|---|
| | | | | | | |
| | | | | | | |
| | | | | | | |
| | | | | | | |
| | | | | | | |
| | | | | | | |
| | | | | | | |
| | | | | | | |
| | | | | | | |
| | | | | | | |
| | | | | | | |
| | | | | | | |
| | | | | | | |

## Wer hat gewonnen?

| Name | | | | | | Gesamt |
|---|---|---|---|---|---|---|
| | | | | | | |
| | | | | | | |
| | | | | | | |
| | | | | | | |
| | | | | | | |
| | | | | | | |
| | | | | | | |
| | | | | | | |
| | | | | | | |
| | | | | | | |
| | | | | | | |
| | | | | | | |
| | | | | | | |

Tiere · Länder der Welt · Weltall · Natur · Geschichte

**Bildquellennachweis:**

**Archiv Tessloff:** Kapitel-Icons, Icon Vogelstimme, Icon Mädchen und Junge, 1 (Icons), 45m (Zeichnung Paris); **Flickr:** 48ur (CC BY- SA 2.0/ ESA/A.Gerst), 53ml (CC BY 2.0/NASA Goddard Space Flight Center), 58or (PD/Manuel Czech), 59ul (CC BY 2.0/NASA/JPL-Caltech/Kevin M. Gill); **iStock:** 18ur (Gigagnotosaurus: CoreyFord); **NASA:** 54um (PD); **picture alliance:** 18ol (H. Schmidbauer/ blickwinkel), 19ur (Stephen Dalton/NHPA/photoshot); **Shutterstock:** 2-3 (MindStorm), 5or (mariait), 5ur (Johan W. Elzenga), 7um (Akhmad Dody Firmansyah), 7or (Markus Loretto), 8ul (Ameise: Andrey Pavlov), 8ul (Mistkäfer: corlaffra), 8ul (Kreuzspinne: MarcinWojc), 8or (S.R. Maglione), 9mr (Vladimir Wrangel), 10ol (Bodil1955), 11ul (GUDKOV ANDREY), 11or (Eisbär: Sergey Uryadnikov), 11or (Polarfuchs: PICARD Gweg), 11or (Pinguin: Sergey 402), 12or (worldswildlifewonders), 13or (Reh: Martin Fowler), 13or (Esel: onixxino), 13or (Zebra: Gumpa), 13ur (Andrea Izzotti), 14um (Warpaint), 14or (yakub88), 15ul (Grigorita Ko), 16ul (Warawich Suyasa), 16mr (Lynn Bell Thompson), 17or (Dan Schreiber), 18ur (Tyrannosaurus rex: DM7), 18ur (Allosaurus: Warpaint), 20or (Beluga: Luna Vandoorne), 20or (Orca: Christian Musat), 20or (Buckelwal: Yann hubert), 21or (Cloudia Spinner), 21um (Christian Schoissingeyer), 22-23 (Pin: Picsfive), 22-23 (Pin: MichaelJayBerlin), 22-23Hg. (iaminut), 22-23 (Fotorahmen: keren-seg), 22 (Tiger: RAJU SONI), 22 (Schimpanse: Kjersti Joergensen), 22 (Pinguin: Neale Cousland), 22 (Flusspferd: visa netpakdee), 22 (Känguru: Jukka Jantunen), 23 (Giraffe: Matthew Orselli), 23 (Luchs: Peter Fodor), 23 (Kranich: Ondrej Prosicky), 23 (Orang-Utan: Everything I Do), 23 (Tukan: Ondrej Prosicky), 23 (Löwe: Rob Hainer), 24-25 (Travelerpix), 26or (kraichgaufoto), 26um (Oleskaus), 27m (Oksana Mizina), 28ol (Marc Venema), 28ur (onemu), 29ur (Samot), 30m (Amy Nichole Harris), 31ol (sarayuth3390), 31ur (aomvector), 32um (fedjason), 33ol (Nickola_Che), 33um (Lukas Bischoff Photograph), 34ol (Mikayel Bartikyan), 35or (Apisak Kanjanapusit), 35ul (Henner Damke), 36ul (bonchan), 36or (Mark Schwettmann), 37ur (Mazur Travel), 38ul (Andrea Willmore), 38or (Tee11), 39ul (Nick Poon), 40ol (William Cushman), 41or (karamysh), 41um (Lisovskaya Natalia), 42um (Daniel Prudek), 43ol (Globe Turner), 43ur (Luciano Mortula - LGM), 44-45Hg. (wandee007), 44-45 (Koffer: Dja65), 44-45 (Landkarte: highlight Mike), 44 (Kenia: Julinzy), 44 (Nepal: Piotr Przyluski), 44 (Rumänien: Globe Turner), 44 (Äthiopien: G7 Stock), 44 (Venezuela: Gil C), 44 (Israel: notbad), 44 (Großbritannien: T. Lesia), 44 (Indonesien: VectorShop), 44 (Portugal: Gil C), 45 (Stift: iunewind), 45ur (Kamera: OCTOGRAPHERS), 45 (Türkei: Rufat Khamed), 46-47 (NASA images), 48ol (Tatyana Vyc), 49ol (Mopic), 49or (Mopic), 50ul (solarseven), 51ol (ds_ us), 51ur (Samot), 53ur (Rost9), 56ol (Merkur: 3drenderings), 56ol (Saturn: bluecrayola), 56ol (Neptun: Tristan3D), 56ur (Roman Vanur), 57ur (Igor Chekalin), 60ul (Allexxandar), 62ur (DinhoR10), 63or (Egyptian Studio), 64-65 (NoPainNoGain), 66-67 (mbrand85), 68ol (Gherzak), 69or (Sabine Schmidt), 69ul (Tamara Kulikova), 70ur (ventdusud), 71ol (pp1), 71ur (Oleg Senkov), 72ul (Brian A Jackson), 73ol (Lipatova Maryna), 73ur (Wead), 74ol (www.sandatlas. org), 75ol (Feel good studio), 75um (Pim Leijen), 76ol (Thongden Studio), 76ur (Damsea), 77ur (Lysogor Roman), 78ol (ake_anupap), 79mr (DnDavis), 79um (Dudarev Mikhail), 80ol (Barisev Roman), 80mr (neil hardwick), 81ur (Minerva Studio), 82ul (Piotr Szpakowski), 82or (Goldilock Project), 83ur (Edler von Rabenstein), 84ol (YuRi Photolife), 84ur (Dennis van de Water), 85or (Uwe Aranas), 86-87 (Fotorahmen: keren-seg), 86ol (vvoe), 86um (Eicheln: Dionisvera), 86ur (Kiefernadeln: Olga Popova), 86or (Max Sudakov), 86mr (Big Foot Productions), 86ul (Volker Rauch), 87ur (7roman4), 87or (Block: juat), 87mr (Bleistift: ONYXprj), 87ol (muuraa), 87ml (Arie v.d. Wolde), 87ul (Frolova_ Elena), 88-89 (anyaivanova), 91or (ppl), 92ol (Littleaom), 92ur (Noble Nature), 93or (Svitlana-ua), 95or (Julija Sapic), 95ul (Anton_Ivanov), 96ol (Uncle Leo), 96ur (Triere: Elenarts), 96ur (Bireme: Michael Rosskothen), 96ur (Drakkar: Danny Smythe), 97ur (Everett Historical), 98ol (Brandelet), 100ur (Everett - Art), 101ol (Jose Ignacio Soto), 102ul (Barandash Karandashich), 102or (Karl Allen Lugmayer), 103ur (Anton_Ivanov), 104ol (Valentin Agapov), 105ul (David Wayne Buck), 105or (Everett Historical), 106-107Hg. (B art), 106ol (Sobolev_Igor), 106 (Fotorahmen: AVS-Images), 106or (canadastock), 106mm (CCat82), 106ul (jakkapan), 106um (pinkeyes), 106ur (diplomedia), 107 (Bleistift: ONYXprj), 107o (Klebezettel: Lyudmyla Kharlamova), 107 (Marco Polo: Naci Yavuz), 107 (Ferdinand Magellan: Naci Yavuz), 107 (Christoph Kolumbus: Naci Yavuz); **Thinkstock:** 6ul (Eoraptor: Dorling Kindersley), 22ol (Post-It: taratata), 45 (Notizheft: SherSor), 45 (Papua-Neuguinea: aomvector), 60or (nikonaft), 86-87Hg. (NexTser), 90or (Photos.com), 91um (Arndt_Vladimir), 101ur (MarkFGD), 107 (Notizheft: SherSor); **Wikipedia:** 4u (PD/NOAA Okeanos Explorer/ http://oceanexplorer.noaa.gov/okeanos/explorations/ ex1402/logs/apr28/apr28.html), 6ul (Camarasaurus: CC BY 3.0/Dmitry Bogdanov (dmitrchel@mail.ru)), 6ul (Parlititan: CC BY 3.0/Dmitry Bogdanov (dmitrchel@mail. ru)), 52um (PD/Vesta/Created with NASA WorldWind), 55ol (CC BY 4.0/ESO/C. Malin/http://www.eso.org/public/ images/ann13016a/), 58ul (PD/NASA, ESA, and STScI/ http://hubblesite.org/newscenter/archive/ releases/1990/20/image/a/), 61ur (CC BY-SA 2.0 at/ Philipp Salzgeber/http://salzgeber.at/astro/ pics/9703293.html), 62ol (PD/NASA/JPL/http:// solarsystem.nasa.gov/multimedia/display.cfm?IM_ ID=2194), 86ml (CC BY-SA 3.0/Crusier), 94m (CC BY-SA 3.0/Karl-Heinz Meurer), 98ur (PD/Franz Xaver Winterhalter/https://www.paleishetloo.nl/blog/sisi-sprookje-en-werkelijkheid/), 99or (PD/Courtesy of NOAA/ Institute for Exploration/University of Rhode Island (NOAA/IFE/URI))

**Umschlag: Archiv Tessloff:** Icons, Globus; **Shutterstock:** Chamäleon: Jan Bures, Dino-Skelett: Puwadol Jaturawutthichai, Big-Ben: S.Borisov, Pyramiden: mmmm, Papagei: Nejron Photo, Palme: Maria Skaldina, Walflosse: LouieLea, Koralle: arka38, Astronaut: M.Aurelius

**Gestaltung:** Tessloff Verlag


Burgschmietstraße 2–4, 90419 Nürnberg

www.tessloff.com



ISBN 978-3-7886-7501-1